Inhaltsverzeichnis

12: Nicht witzig

13: Rat

14: Werkzeuge

15: Techniken

16: Mehrtürer (natürlich meine ich bestimmte Automobile)

17: Weg-oismus

18: Matricks

19: Ur-Kult

20: Reaktion

21: Meins, Deins, Unser

22: K.O. oder ok?

23: Nah und fern, ambivalent

24: Des(s)ert

25: Kryptisch

26: Paradoxon

27: Widersinn

28: Terrarismus mit o

5

63: Es verliert: Der/die GewinnerIn

64: K.I.kerrikack

65: Eins

66: Völkerwort.

67: Der Staat sind wir

68: Orakel

69: Domino

70: Christoph Kolumbus hat leider einen Völkermord eingeleitet.

71: Es juckt

72: Hat jemand "Nichts" gesagt?

73: Schritte zählen

74: Das Ende ist nahe, nur welches?

8

1: Das eine Ende der Idealogie

Tipp: Lest die Punkte nicht schnell hintereinander, das kann leicht bis heftig überfordern.

Ich kann euch die Bewältigungskonzepte, die ihr für euren "Frieden" benötigt, kaum nehmen. Überlegt aber nur einmal, ob das Behandeln von Symptomen (statt an Ursachen zu gehen) nicht vielleicht viele Probleme anstaut und auch zusätzlich Gesundheit und Freiheit kostet. Ihr müsst fast alle noch eine gewisse Angst ertragen, unter anderem, um fit zu bleiben. Es gibt nämlich noch die Notwendigkeit von einem gewissen Maß an Angst, denn Ängste sind häufig gar nicht so irrational oder nutzlos. Schlecht ist normalerweise auch nur ein "Zuviel" oder ein "Zuwenig" an Angst. Wenn man zu jemandem sagt, "Hab' keine Angst", kann das also auch Angst bereiten, gerade bei Leuten, die ihre Angst eher verdrängen. Manchen genügt es nämlich, den Glauben zu haben, zu "wissen" (also eben nicht zu wissen, denn die Anführungszeichen deuten hier auf Ironie oder Ähnliches hin), dass sie der Angst potentiell entkommen könnten. Wenn man eine Angst benennt, kann das also Angst nehmen oder auslösen, vielleicht führt das auch dazu, dass manche manchmal rechtzeitig auf Gefahren vorbereitet sind und andere hilflos bleiben. Wir haben die "Corona-Zeit" erst mal hinter uns. Krankheit ist mit Angst besetzt, Impfen mit seinen Spritzen und nicht immer guten, oder auch nicht immer ganz plausibel erklärbaren Impfstoffen oder mit Stoffen, die „plötzlich" zu Impfstoffen gezählt werden, auch. Ihr fragt euch bei Problemen: "Warum ich?" In schönen Situationen fragt ihr: "Wieso kann ich den Moment nicht genießen?" Informiert ihr euch, denkt ihr: "Wieso tun Menschen das?" Wertet ihr, huscht: "Menschen sind Sch…" durch eure Köpfe. Ja, wir alle wollen, dass es besser wird, manche sind bloß von dysfunktionalen Anteilen im System gefrustet oder feiern einen gewissen Fatalismus. Die Angst vor dem Klimawandel kann am Genießen des Lebens hindern. Für eine gute Sache auf Konsum zu verzichten, kann aber auch frustrieren, gerade wenn andere dann weiter oder mehr konsumieren. Hier fahren die Staaten, bildlich gesprochen, wie beim sogenannten "Feiglings-Spiel" mit Autos direkt aufeinander zu. Sie werden immer schneller und derjenige/diejenige/dasjenige, der/die/das zuerst ausweicht, verliert das Spiel. Wenn keineR/keines ausweicht verlieren beide.

Ideologien. Wie die derzeitigen politischen und religiösen Systeme, bieten sie eine Menge potentielle Gründe für Streit. "Wessen Gottheit/en sind allmächtiger?" oder "Welche Verfassung erlaubt eine stärkere Scheinsicherheit?" oder "Wie oft muss man, in Bezug auf die Verfassung, von "unsere Demokratie" sprechen, bis die Leute wirklich glauben, es gäbe auch eine richtige Demokratie auf diesem Planeten?" "Warum zerstören wir, zum Nachteil von Milliarden Leuten unsere Natur? Nur weil ein paar MilliardärInnen so zeitweise mal nicht schreien, wie ein Baby, das unzufrieden ist?"

Viele konsumieren aus Angst heraus, was zu
Problemen führen kann, die dann wirklich Grund zu
Angst bieten. Selbsterkenntnis kann weiterhelfen.
Seid ihr bereit, mehr zu erfahren, selbst wenn ihr
darauf gerade keine Lust habt? Lest einfach los, der
Sinn wird sich euch zeigen, denn manchmal kommt
die Lust während des Probierens! So verlässt man
die Komfortzone oder die Distanzzone und gerät in
den Bereich des Neuen. Dort bietet sich Gelegenheit
zum Lernen. Es ist sogar generell bereits mutig, sich
so ein Buch wie dieses anzuschauen, gerade, wenn
man in der Schule total gefrustet wurde.

Manche Leute sehen in dem Unrecht, das auf der
Welt zu herrschen scheint, Gründe, das Leben
dennoch oder deswegen zu genießen und machen
damit manchmal viel kaputt. Leider wächst das
Unrecht daher teils und wird aber auch zunehmend
deutlicher erkennbar. Beides kann zu Vor- oder
Nachteilen führen. Wir werden sehen, wo das endet.
Hoffentlich nach einem erfüllten und langem Leben
für alles Leben auf der Erde. Denn: Die eigenen
Ängste überwinden zu können, ist das größte
Kompliment, es ist DIE Bestätigung für die eigene
Überlebensfähigkeit überhaupt. Und die Leute, die
weniger konsumieren, sind mit dem richtigen Mind-
Set manchmal zufriedener als die Leute mit ihren
riesigen Yachten. Bei sehr viel Besitz kann man sich
durchaus "verzetteln" und das macht die Suche nach
"dem Sinn" schwierig bis unmöglich.

Kurz: Ihr verdrängt Angst, das macht euch blind für

den Einfluss, den Mächtige "AngstmacherInnen" auf euch ausüben. Das, was ihr dann aus Angst tut, führt zu Ereignissen, die mir teils Angst machen. Soweit habe ich mich noch nicht ganz deutlich gemacht, denn ihr sollt nicht ohne Schutz in den Bereich der Themen, die ich bereit habe, gehen. Denn das Ganze ist von euren Komplexen blockiert, die ich triggern werde. Also vorsichtig weiter, meine ideale Ideologie wartet: Die Idealogie.

2: Teil-These:

Die Hauptmotivation der Menschen ist, wie gesagt, Angst. Und wenige erreichen Angstbewältigung, vor allem erreichen es viele nicht früh im Leben. Ihr wollt sicher eher etwas anderes hören, um nicht in diese Richtung zu blicken. Ja, lieber etwas essen, oder zocken, oder shoppen??? Bullsh...!
Die Liebe kann von der Angst „befreien", Arbeit auch, eigene Kinder können Angst nehmen (auch wenn man mit Kindern auch noch die Angst um die Kinder dazu bekommen kann), Drogen können Angst nehmen (indem sie ablenken und verwirren, betäuben oder das Selbstvertrauen steigern), Konsum kann von Angst befreien (hier aber kommen wir, durch diesen Weg, an die Belastungsgrenze der Biosphäre, was mir Sorgen, also etwas Angst bereitet, daher schreibe ich dieses Buch), Humor löst Ängste (aus ähnlichen Gründen, wie Drogen), Fatalismus und Achtsamkeit haben Verdrängung und beruhigende Bewusstmachung von Angst zur

Folge und das kann beruhigen. Dann wäre da Sport, Kunst wie Musik und ganz besonders: Das Nachdenken. Gerade wenn es lösungsorientiert ist (Beten und Meditieren gehören in diese Richtung, wie auch die Wissenschaft), ist Denken angstmotiviert und zwar in Richtung auf eine Lösung, die im Idealfall Angst reduziert. Ja, wir denken, weil wir Angst haben. Overthinking, Overcaring und andere Störungen, gerade intelligenter Menschen, sind auf Angst zurückzuführen. JedeR kann Denkfehler haben, wenn er sich allzu einseitig informiert, auch ich. Feuer bietet ein Angst und Machtpotential, was seine Faszination für den Menschen ausmacht. Haustiere können einem Qualifikationen und Mut zur Familiengründung gewähren. Die Lenkung der Menschen erfolgt stark über Angst, durch diejenigen, die den Diskurs bestimmen, Gefahren und Hoffnungen oder Ziele und Orte der „Sicherheit" benennen.

In den Extremen von den, meist dualistisch (also in Gegensatzpaaren, wie groß-klein, hell-dunkel,...) aufgespannten Zustandsformen von Realität, kann die meiste Angst oder Sicherheit angetroffen werden. Neues kann Lust oder Angst machen, Einheit oder Vielfalt können, je nach Prädisposition der Subjekte, zu Angst oder Lust führen.
Die Lenkung der Menschen erfolgt stark über Angst, wieso wiederhole ich das? Weil Wiederholung, Rituale, Vertrautes,... Angst vermindern oder Ängste verankern kann, bis hin zum Trauma oder zur Panik. Das rituell Wiederholte wird verinnerlicht und wehe,

diese Informationen sind falsch oder der Einstieg in die Zugehörigkeit zu größeren Gruppierungen, wie Ideologien. Wie bei anderen Themen ist es oft Ziel des Menschen dazu zu gehören und nicht unbedingt auf zu fallen, wenige wollen so anders sein, dass sie stetig im Mittelpunkt oder Abseits stehen. Doch ist man zumindest teils in einer Gruppe gefangen, identifiziert man sich damit, werden die Interessen der FührerInnen der Gruppe zunehmend auch von Dir vertreten und Du verlierst die Kontrolle. FührerInnen dagegen erwerben, wiederum aus Angst um ihre Position, Kompetenzen und können auch mal übertreiben oder extrem werden, um die Position zu behalten. Die Führung kann auch ein Ideal, eine Idee, ein Ritus, ein Hobby, ein Spleen, eine Droge,.... haben, wie ein Motto oder ein Motiv oder eben ein Ideal. Eng verbunden mit dem Begriff Angst ist der Begriff: Macht. Wer bestimmt, ist ruhiger, wenn er/sie das sichere Gefühl der Kontrolle hat, gar eine Gruppe lenken kann, das verleitet aber auch zum Missbrauch. Und: Nicht jede Form der Angst und nicht jede Art der Sicherheit ist immer gerechtfertigt, auch hier ist absolute Angst (Panik) oder absolute Sicherheit selten. Zu klären, wie man mit Angst umgehen lernt oder sie umgeht, ohne selbst zum Grund für die Angst anderer zu werden, ist Ziel der Informationen in diesem Buch. Deeskalation. Wieso nahezu alles auf die Frage hinausläuft, ob und wann man Kinder in die Welt setzt, setzt euch, als Info, hoffentlich nicht unter Druck (manche umgehen das, indem sie die eigene Fortpflanzung ausschließen oder verunmöglichen).

Wenn ihr jetzt einen Druck verspürt, war dieser vielleicht die ganze Zeit über da und war euch nur zuvor nicht komplett bewusst. Diese wenig bewussten Anteile in eurem Denken zu sehen und zu bearbeiten, will ich n bissl leichter machen. Denn sie bieten Ansatzpunkte, wie weniger freundliche Leute als ich euch instrumentalisieren. Da droht euch euer Leben aus den Händen genommen zu werden. Im Sinne, dass eure bewusste Selbstverwirklichung schwerer gemacht wird. Ihr lebt dann vielleicht nicht nur für euch, sondern schnell sogar für sehr schädliche ZeitgenossInnen. Und: Ja, ich will euch ein Stück weit verändern. Wenn euch das negativ erscheint: Ich bin da wenigstens ehrlich. JedeR AutorIn von Texten will, dass ihr euch damit beschäftigt. Und jedes Mal soll es in eine bestimmte Richtung gehen, sollt ihr in eine Richtung gehen. Seid da nicht allzu naiv, ab jetzt! Denn Ängste und Süchte, die man nicht am Ansatz austreibt, kehren oft verwandelt wieder.

Kurz: Ihr seid der Spielball eurer Bedürfnisse und euer Mangel an Kontrolle verursacht Schaden an der Natur. An eurer inneren und äußeren Natur. Menschen kämpfen gegen Natur. Auch gegen ihre physische und psychische eigene Natur. Um sich und die Natur zu läutern, damit eher das "Gute" bestehen bleibt. Bitte legt gute Standards für euer eigenes Handeln fest. Im Ideal Standards, die für alle umsetzbar sind. Da kommt I. Kants „kategorischer Imperativ" ins Spiel (bei Gelegenheit mal nachschlagen).

3: Wozu gibt es Vielfalt und wann ist sie schlecht oder gut?

Zum Thema Diversität: Es muss, so lange nicht klar ist, was richtig ist, unterschiedliche Meinungen, Genotypen, Phänotypen, Konzepte, Haltungen, Vorurteile (die einfach vorläufige Urteile darstellen können und kein Problem darstellen müssen),... geben. Das kann stören und verwirren, ist aber für eine Navigation im "Raum" der Möglichkeiten notwendig. Denn so ist auch ein Überleben zumindest einiger, weniger Leute quasi garantiert. Garantiert deswegen, dass bei einer Vielfalt von Lebenseinstellungen, Stoffwechseleigenschaften,... auch viel eher auf eine Problematik passende Bewältigungsstrategien vorhanden sind. Der Corona-Virus kann töten, die sogenannte Impfung ebenfalls. Die Wahrscheinlichkeit für den Tod, Schäden,... ist unterschiedlich, jedoch bei beidem vorhanden. Die Natur will Vielfalt, die Mächtigen nicht so sehr, daher gehen sie gegen manche, meist seltenere Meinungen vor, obwohl sie angeblich auch für Vielfalt sind. Die geduldete Vielfalt ist die, die zu Machtgewinn der Politik, Wirtschaft, Wissenschaft,... führt, teils indem sie die Gesellschaft spaltet oder Kommunikation erschwert, was auf das Gleiche hinausläuft. Das bedeutet, dass die Elite "laute Minderheiten" fördern können. Das heißt, Gruppen werden "sichtbar" gemacht, weil sie eine Agenda vertreten, die der Elite dient. Die Elite hat die Gruppe, mit der latenten Drohung, dass sie auch wieder "fallengelassen" werden können, in der Hand, schließlich ist so eine Gruppe nicht ohne Grund möglichst klein. Das Prinzip dahinter ist bekannt und nennt sich "divide et impera". „Teile und herrsche".

Kurz: Euch werden Meinungen präsentiert, die ihr zu eurer Meinung machen sollt. Und es wird euch präsentiert, wie ihr sie äußern sollt. Dann wird das zu eurer Meinung, wenn ihr nicht aufpasst. Das hat weder mit Freiheit, noch mit Intelligenz zu tun,- nicht mal die, die euch für noch dümmer verkaufen, sind klug. Aber vielleicht bin ich, bist Du ja nicht herein gefallen.

4: Welche Angst vermindernde Funktion haben Tiere manchmal?

Tiere streicheln zu können, kann beruhigen. Man bekommt das Gefühl, das Tier sei kontrollierbar, wenn es Nähe zulässt. Diese Kontrolle kann Angst nehmen und gar ein Gefühl von Macht erzeugen. Interessanterweise gilt Ähnliches für den Umgang mit Menschen. Jedoch die Berührung durch andere unterbinden zu können, ist bedeutsam für manche Menschen, vielleicht auch für Tiere?! Selbst die Möglichkeit, töten und eventuell das Getötete essen zu können, kann manchmal Angst nehmen, doch auch hier kann solches Tun auch Angst schüren und Menschen oder Tiere einschüchtern. Vielleicht bringt es Menschen auch in die Denkweise, man könne leicht auch Menschen töten und essen, wenn es bei

Tieren gestattet wird. Gewalt stumpft nämlich oft, teils mit Nachteilen verbunden, ab. Wir alle haben manche Tiere liebgewonnen, vergessen auch gerne die Gefahren, die von Tieren ausgehen, WEIL wir eine schöne Illusion erschaffen. In der Illusion sind die Tiere unter unserer Kontrolle, tragen Nützliches zu unserem Alltag bei und mögen uns. Aus Unsicherheit, also Angst, suchen wir Bestätigung für die Harmlosigkeit und streicheln das Tier. Streicheln, bis der Hund knurrt und darüber hinaus. Gegen nützliche Anwendungen von Tieren, wie Blindenhunde, Drogenhunde,... oder vergleichbares, habe ich nicht viel einzuwenden.

Tiere nehmen auch die Angst vor Einsamkeit, doch wäre menschliche Gemeinschaft besser, bis vielleicht K.I. soziales "versteht" und mit passender Robotik hier Lücken schließen kann.

Kurz: Euer Hund macht, was ihr wollt. Und ihr macht nicht, was euer Hund will, denn ihr entscheidet selbst! Reingefallen! Der Hund muss nur „traurig" schauen, und ihr gebt ihm, mit einer gewissen Wahrscheinlichkeit, ´n Leckerli.

5: Sozial wegen, gegen oder für Angst?

"Gutes" tun zu können, spiegelt zumindest manchen Menschen vor, sie hätten Reserven, Potentiale, Freiheiten und damit eine Wahl. Und es kann in "sozialen Verträgen" oder "Seelenverträgen" zu

einvernehmlichen Versprechen von Beistand, von
Solidarität führen. Das ist ein stabilisierender Faktor
für jede Verbindung von Menschen, ermöglicht aber
auch, dass diese Bindungen schneller auseinander
gehen können, ausgenutzt werden können. Es
werden Abhängigkeiten geschaffen, mit Vor- und
Nachteilen. Oder Leute werden selbständig, was
auch ambivalent besetzt sein kann. Viele, aus
Ideologie heraus motivierte Gewalttaten und
Zerstörungen und mentale Ausnahmesituationen,
entstehen durch eine "Paarung" aus fehlendem
Rückhalt und Angst. Ideologische FührerInnen
können religiöse oder politische Konzepte und Texte
so interpretieren, dass ihr für "Gott", "die
Menschenrechte",... in Kriege ziehen müsst. Oder ihr
sprengt euch in die Luft, um gegen das "Böse" vor
zu gehen. Oder ihr verätzt das Gesicht eurer
Schwester, weil sie vorehelichen Sex hatte. Doch ich
kann euch von Täuschung befreien, ich kann euch
ent-täuschen: Auch da seid ihr, wenn ihr derartiges
Verhalten zeigt, hereingefallen. Manche Religion hat
ohne Grund Leute eingeschränkt, verfolgt, gequält,
getötet,... Das Dumme ist, dass die Muster, nach
denen dieses Unrecht stattfand, noch aktuell sein
können. "Hexen" gelten weiterhin, im Allgemeinen,
als böse. Frauen, die promiskuitiv leben wollen, sind
schnell verpönt. Klar, Frauen stabilisieren die
Gesellschaft, wenn sie in Partnerschaften treu sind,
jedoch darf das kein "Gefängnis-ähnliches" Korsett
sein. Denn auch freie Formen der Sexualität können
stabilisieren, wenn klar wird, dass die künstliche oder
ehedem natürliche "Gewissheit" der für andere

"funktionierenden Frau" eine Illusion war. Sind die InquisitorInnen nicht die eigentliche Gefahr und nicht die „Hexen"? Sind die Leute, die Amerika von seinen UreinwohnerInnen entvölkert haben, nicht jetzt noch, zu unrecht, mächtig und reich?

Kurz: Kontrolle ist eine Illusion, alles hat Folgen.

6: Glücksspiel, um Angst zu beenden?

"Belohnungen", wie Geld-Gewinn durch Aktien, Glücksspiel, aber auch Leckerli wie Zucker,... geben ein Gefühl "relativer Sicherheit", jedoch triggern sie das Gehirn nicht ewig und verlangen nach "Wiederholung" und "mehr". Gerade die Reichsten sind demnach manches Mal mit dem, was sie haben unzufrieden, da sie gegenüber dem Reiz abstumpfen. Zudem schadet der Reichtum dem Zwischenmenschlichen, da z.B. Reiche argwöhnen können, man sei zu ihnen deswegen nett, weil man sich finanziell, in Sachen Macht,... etwas "will". Das stimmt auch manchmal. So driften Arm und Reich auseinander. Bei Lotterien, Aktienhandel, Spielautomaten,… gewinnt der mit dem meisten Kapital, der meisten Zeit und der Macht, die Regeln zu bestimmen. Die entstehende Ungleichheit macht auch gerade die VerliererInnen unzufrieden, zumindest sehr wahrscheinlich. Gerade wenn die Ungleichheit zu Unrecht führt und sei es nur etwas als Unrecht empfundenes. Spiel nicht mit Deinem Glück, oder sollte ich sagen: „Spiel nicht mit dem

Zufall?" Nach Endorphinen kann man süchtig werden. Adrenalinausschüttung braucht, wenn man sich daran gewöhnt, immer stärkere Reize. SportlerInnen sind auch oft Opfer ihrer Biochemie. Manchmal sind sie früh körperliche Wracks.

Kurz: Spannung und Aussicht auf Gewinn machen unzufriedene Leute süchtig. Selbst wenn man, laut Statistik, im Schnitt bei einem Spiel immer ein wenig vom Einsatz verliert, macht mancheR weiter. Doch irgendwann... seid ihr am Ende, denn selbst bei den "GewinnerInnen" bleibt das Geld oft nicht lange.

7: Wieso steht meist eine einzelne Angst im Zentrum?

Der Fokus auf eine einzelne Angst, eineN TäterIn,... kann andere Ängste verdrängen. Auch Unsinn ist dazu in der Lage, dann durch Zerstreuung, Angst zu reduzieren und ist somit ab und an sinnvoll nutzbar. Wer die Medien zum Fokus auf eine bestimmte Angst nutzt, kann damit gerade die Leute, die Probleme haben, lenken. Sie werden für ihre Folgsamkeit mit einem Angebot belohnt. Gerade der Staat bietet eine Belohnung an, dass eine Angst beseitigt wird, wenn man in den Krieg zieht oder zur Arbeit geht, was ähnlich ist. Klingt paradox, dass sich Leute aus Angst in eine Gefahr begeben. Aber manche nehmen solche Angebote an, weil sie dadurch etwas tun, was ihnen das Gefühl von Kontrolle vorspiegelt. Nachrichten sind daher auch dazu da, um Leute für den Wohlstand der Eliten kämpfen und arbeiten zu lassen. Weil es auch hier um Rohstoffe, Strategie, Einfluss,... geht. Und das dient den Mächtigen, den Wohlstand ihrer Leute zu mehren, um diese besser ausbeuten zu können und Angst zu reduzieren. Das ist klassisch egoistisch von den Eliten, leider oft destruktiv und meist nicht 100% richtig, wenn man mal davon ausgeht, dass eine MittäterInnenschaft zwar zusammenschweißen kann, aber auch den Nächsten/die Nächste als "Monster" enthüllen kann. Oder man ist in der Situation, einsehen zu müssen, dass man selbst für andere oder auch für sich selbst, zu dem wurde, was man ablehnt: Zu etwas Negativem.

Kurz: Ihr werdet gelenkt und ausgenommen, und die Wege aus eurer Misere funktionieren nur für diejenigen, die die Regeln machen. Glaube ist ein, oft nicht gerechtfertigtes, Vertrauen in irgendwelche Leute.

8: Was sind Mechanismen zur Entstehung von Angst auf gesellschaftlicher Ebene?

Angst wird leider durch Aufrüstung von Individuen oder Gruppen und Klassenunterschiede im jeweiligen Gesellschaftsmodell gesteigert. Des oder der Einzelnen oder Gruppe, durch Aufrüstung, Konsum, Umweltzerstörung, Lüge, Betrug, Machtmissbrauch,... gewonnene Sicherheit verunsichert die soziale Umwelt. Daher wird

Ungleichheit oft als Unrecht empfunden und führt auch schnell zu Unzufriedenheit, Frust, Neid, Aggression, Aufrüstung bis Gewalt. Kinderreichtum ist Aufrüstung UND meist, für die Eltern, eine Form von Reichtum.

Wenige Menschen haben Kontrolle über das Gefühl der Angst, manchen genügt die Gewissheit, dass sie handeln könnten. Die Kontrolle oder auch das Gefühl von Kontrolle steigert sich bei jenen, die über diese Fähigkeit der Kontrolle tatsächlich oder gefühlt-gewiss, im Notfall, verfügen. Sichtbar wird dieses Selbstbewusstsein oft in der Kommunikation, im Darstellen der Persönlichkeit,... oder in Stille und Ruhe. Doch auch hier kann getäuscht werden. Je nachdem, ob es sich um intro-/extro- oder ambivertierte Individuen handelt, und je nachdem, wie bewusst die Psychologie hier ist und genutzt werden kann. Das heißt, dass das Gefühl, die Kontrolle zu haben, bereits beruhigt. Weil ihr gerne dieses Gefühl habt.

Der territoriale, materielle, intellektuelle,... "Besitz" eines Menschen ist oft der Verlust von Besitz oder Machbarem (also Macht) für andere. Die Werkzeuge und Waffen eines Menschen sind oft eine Konkurrenz und Bedrohung für alle anderen. Das gilt gerade dann, wenn Leute Gruppen bilden, die gerade ihre eigenen Ziele verfolgen und damit meist automatisch ihrem kompletten Umfeld schaden. Ob das Absicht ist, oder nicht, ist hierbei nahezu egal. Wir leben in ständiger Konkurrenz mit anderen. Bei ausreichenden Angeboten an Wohnraum, Energie, Nahrung,... tritt der Wettbewerb in den weniger sichtbaren Bereich. Jedoch: Unser Fleischkonsum, die fossile und elektrische Mobilität,... entzieht den Menschen in ärmeren Regionen Nahrung, Wasser, intakte Natur, Territorien, Rechte,... Das birgt ein immenses Konfliktpotential und zwar eines, welches sich in jedem Moment steigert. Angst?

Und: Die Konkurrenz zwingt uns, weiter zu machen, da der/die, der/die zuerst aussteigt, Macht verliert, die ihn auch schützt.

So ziemlich alle Störungen der Psyche entstehen durch ein "zu viel" oder "zu wenig" an Angst. Auch innerhalb der "Störung" kann Angst verschiedene Effekte generieren. Angst, zu viel zu essen oder Angst, nicht satt zu werden. Geschmack ist eine "Belohnung", die wahrscheinlich Schwächen im Menschen triggert, in Bezug auf seine Inhaltsstoffe, und eventuell auch Einfluss auf DNA und Auslese hat. Man kann manchmal Lust auf Essen haben oder es löst gar Schuldgefühle aus, wenn man isst.

Kurz: Wenn ihr gegeneinander an Bewaffnung oder mit Werkzeugen, Wissen aufrüstet, kostet das gerade den/die voraussichtlicheN VerliererIn so viel Ressourcen, dass man in der Folge die Waffen eher einsetzen will, muss und wird. Das bedeutet, wenn ihr mehr wisst und euch das Zeit kostete, setzt ihr teils die Waffe „Wissen" für euch und die Rückgewinnung der Zeit ein. Ich mache das auch nur netter als andere. Aber ich mache es.

9: Worauf zielt Angst und ihre Bewältigung ab, wenn man das Ende der Existenz oder des „Egos" in die Gleichung hinein nimmt?

Liebe, Leben,... sind der Sinn, der oft verdrängt wird. Ohne Liebe kommt es bei Menschen, quasi nur mit Gewalt und ohne Konsens, zu Leben. Gewalt existiert in allem, was eure Freiheit einschränkt. Ohne, dass es Leben gibt, gibt es keine Angst, es bleibt einfach nichts. Und das Nichts ist komplett unergründet, was zwar auch Angst erzeugt, aber nicht ganz zu Recht. Denn das Nichts, wenn kein Leben existiert, ist nicht negativ an sich, es ist neutral. Aber nur, wenn das Nichts vollkommen ist. Eine teilweise Vernichtung ist immer ein Verlust für irgendwas oder irgendjemand, weil es normalerweise mit einem Gefühl verbunden ist, verbunden gewesen zu sein.
Wenn Du, in gewisser Weise "nicht" bist, weil Du ohne gesellschaftliche Identität lebst, Dein Ego unterdrückt hast oder aufgelöst oder gar nicht entwickelt, bist Du auch wenig bis nicht angreifbar. Jedoch ist es dann schwer für Dich, Dich an andere zu binden. Ihr seid, wenn ihr selbstlos seid, quasi so ungewöhnlich, dass ein Treffen auf Augenhöhe mit anderen zwar herstellbar, aber eher anstrengend für mindestens eineN ist.

Kurz: Nichts macht Sinn.

10: Angst und Grundbedürfnisse

Essen zu haben, Nachschub an Nahrung zu haben,... kann beruhigen. Gerade Menschen, die über Wohlstand verfügten und verfügen, essen langsamer, gesünder und in angemessenen Mengen, wenn sie weniger Angst haben. Und sie essen anders und anderes, weil sie weniger stark Angst ausgesetzt sind/waren oder ihre "Sicherheit" spüren und sich besseres Essen leisten können. Oder sie haben gelernt, dass sie nur so, durch "Manieren", am Esstisch bleiben dürfen und sich einigermaßen satt essen dürfen. Und: Essen kann bei ihnen zu einem Ritual geworden sein. So sind all die Bewältigungsstrategien für den Umgang mit Angst hier noch notwendig, sie können Kompetenzen erzeugen und Menschen verbinden. Aber sie trennen auch in Gruppen, zum Beispiel in die Gruppen "satt" und "hungrig". Zu gut und zu viel zu kochen kann soziale Unterschiede sichtbar machen und Neid hervorrufen. Übergewicht, Untergewicht oder Genusssucht und Essstörungen sind problematisch und werden gerade durch zu Frust gewordene Angst generiert. Gemeinsam kochen und essen, kann Bindungen zueinander stärken. Angst nicht zu spüren, wo man Angst spüren sollte, kann notwendiges Handeln verzögern oder verhindern. Auch hier kann teilen mehren. Und Geben ist „silly" (selig) also verrückt. Und Verrückte haben eine ver-rückte Perspektive auf die verschiedenen Situationen. Das kann Einblicke eröffnen oder in die Irre führen.

Kurz: Ihr verliert euren Weg, um auf der Strecke zu bleiben. Dort macht ihr es euch gemütlich und werdet überholt.

11: Ein „Kippen" hat meist zwei potentielle Richtungen

Fürchte die 100%ige "Sicherheit", es gibt sie nicht. Sei Dir also gewiss: Es gibt Kipppunkte, aber oft gibt es welche in beide Richtungen. Auch die Angst und ihre Bewältigung hat Kipppunkte, die unseren Umgang damit bestimmen. Die einen gehen der Angst entgegen oder nehmen sie zumindest an. Die anderen weichen ihr aus, andere erzeugen Angst. Beim Make-up und sogenannten Schönheits-OPs beispielsweise weichen die einen aus und lenken von sich ab, maches am Look wird überbetont, um anderes unsichtbar scheinen zu lassen. Oder es wird auf genau das, was man für wichtig hält, hingewiesen. Manche wollen einfach "normal" aussehen. Spielt übermäßige Angst, nicht attraktiv zu sein eine Rolle, gerät das Ausmaß der OPs oft außer Kontrolle und vielleicht gerät das sich operieren lassen zur Sucht. Fangen einige an, sich zu "verschönern", zieht es auch hier, schnell NachahmerInnen mit sich, denn andere wollen, für den Fall, dass es etwas bringt, mithalten können. Das führt auch zu anderen Auswirkungen: zu Mangel an normalen ChirurgInnen, beispielsweise für die Behandlung von Verletzungen. Jedoch kommt es auch zu erhöhter Kompetenz für plastische Eingriffe, durch das Üben an willigen Versuchskaninchen mit ausgefallenen Wünschen.

Kurz: Alles hat Vor- UND Nachteile. Oder?

12: Nicht witzig

Aus Schaden wird man klug. Ich habe den Vollschaden.

Ihr arbeitet gegen andere, gegen euch und gegen mich. Ich arbeite für alle.

Kurz: Bin durch alles durch.

13: Rat

Pass' auf!

 Kurz: Upps!

14: Werkzeuge

Unsinn, Horror, schlechte Nachrichten, Fatalismus, - stumpfen gegenüber Ängsten ab. Oder man kommt auf eine Lösung oder man wird für ein Herbeiführen der Lösung geworben. Daher: die Werbung und die

Nachrichten, um euch zu er-werben. Dummheit ist für die mit Selbstvertrauen, die Ignoranten, die PsychopathInnen, die Faulen (die aus den genannten Gründen keine Intelligenz entwickeln) und die, die nicht anders können. Sie sind teils glücklicher als die DenkerInnen mit ihrem typischen, mal kleinem, mal größerem Selbstbewusstsein. Bloß beim Auftauchen von Problemen sind die Gläubigen eher mangelhaft aufgestellt. Andererseits kann gerade Intelligenz falsch geleitet sein und bei zweifelhaften Individuen oder Gruppen fatale Fehlleistungen generieren. Dass wir durch Nachrichten und Werbung, Cookies und andere Daten und Datenfischerei auch Nachteile in Kauf nehmen müssen, ist wohl recht klar. Die Frage ist, ob man überall darauf warten soll, ob es gut geht oder auf Abwege führt oder nicht bald mal handelt. Man denkt doch quasi nur nach, wenn man Probleme hat. Viel von eurem Verhalten hält euch dumm und in der Lage, zu genießen. Leider lasst ihr Probleme so liegen.

 Kurz: Ablenkungen werden zum Lebensinhalt! Wie das? Naja, einen großen Teil der Problemlösung habt ihr gerade in Händen.

15: Techniken

Technik allgemein und besonders Techniken der Steuerung des Diskurses sind Grund für: einerseits Schrecken und andererseits Ruhe. Ob diese Technik körperliche Arbeit sei, bis zur Perfektionierung einer Art von Tätigkeit oder Wissenschaft oder Spiritualität beziehungsweise darunter die Sonderform "Glaube",.... Immer gibt es ein "zu wenig" und/oder eine Überforderung. Lange Texte, komplexe Formeln, pfriemelige Bauteile, extreme Körperkontrolle,... schaffen Bereiche, aus denen Angst regelrecht verdrängt werden kann. Wissenschaft und Spiritualität sind zusammen eine Quelle des Lichts, doch sie kann nicht nur Leben spenden, sie kann auch gnadenlos versengen.

Kurz: Wir werden mächtiger durch Wissen. Das macht Fehler unwahrscheinlicher, aber wenn es zu Fehlern kommt, sind sie eher fatal. „Canceln" ist Machtausübung. Ähnlich dem „Gebot": Du sollst nicht töten!" kann das, wie jeder gute Vorsatz zu Schlechtem führen. Denn die „Christen" führten und führen Kriege. Dadurch sind wahrscheinlich sogar mehr Leute drauf gegangen, als anders gestorben wären. Leute, die Hybrid-Autos fahren, fahren teils mehr, weil sie wissen, dass ihr Auto etwas sparsamer ist. Menschliche Schwächen sind zu berücksichtigen oder aufzulösen.

16: Mehrtürer (natürlich meine ich bestimmte Automobile)

Insbesondere, wenn Lebewesen ihre Existenz zumindest gefährden, zum unverbindlichen Vorteil anderer, stärken sie dadurch das Vertrauen der dadurch Bevorzugten in eine Chance, die nicht selbstverständlich sein muss. Gläubige nennen derartiges Vertrauen: Hoffnung, Glaube oder Liebe. Ich meine damit, dass Großzügigkeit, Hilfsbereitschaft, Opferbereitschaft der Weg aus der Urzeit sind. Denn leider sind wir Menschen meist noch in Not und Terror nicht nett zu unseren Feinden oder auch zu Freunden, was zu einem Nachteil werden kann. Wir sind noch sehr stark von den primitiven Verhaltens-"Programmen" unserer tierischen Ahnen und Ahninnen geleitet. Das überwinden zu können, ist eine besondere Leistung. Wir riskieren unsere Zukunft, sage ich mal, um deutlicher zu werden. Der Ausweg ist nur durch Vertrauen zu schaffen oder durch Kontrolle. Vertrauen zu erzeugen, ist bereits im derzeitigen Modell gescheitert. Wer im derzeitigen Modell vertraut, fällt nicht so unwahrscheinlich auf irgendwen oder irgendwas herein.

Kurz: Vertrauen ist gut, Kontrolle ist besser. Auch wenn das zu Änderungen im Verhalten führt, die nicht ganz freiwillig sind. Aber: Das derzeitige Modell bricht ohne Modifikation, bald ein. Mein System überprüft unser aller Verhalten und macht es sichtbar. Es ist eine Verknüpfung von richtiger

Demokratie und einer Instanz, die ähnlich einem „Gott" alles überwacht. Jeder hat das Recht, Zugriff auf bestimmte Daten zu nehmen. Alle Daten sind einsehbar, jedoch wird man manchmal gewarnt, wenn man Daten einsehen will, die die Datensphäre anderer zu Unrecht verletzen. Da drohen „Strafen".

17: Weg-oismus

Leider helfen Angehörige von Glaubensgruppen eher ihren "Nächsten", demnach den Angehörigen ihrer Gruppe. In der Tat arbeiten Gruppen sehr stark für ihre eigenen Interessen und damit gegen quasi alle anderen. Glaube, der nicht der eher objektiven Weltsicht entspricht, kann sehr bedrohliche Züge annehmen. Glaube ist: Nicht wissen.

Der Weg des "Betens" ist auch ein heftiges Wünschen oder „Bitten", das beruhigt und abstumpft. Die Annahme, ein allmächtiges Wesen würde wollen, dass Leute Opfer bringen, sich quälen, sich erniedrigen, demütig oder gedemütigt sind/werden,... damit es ihnen dann Wünsche erfüllt oder sie rettet, ist seltsam, mindestens. Manche Leute nutzen das Beten, um eigentlich unerwünschte Verhaltensweisen zu entschuldigen und damit zu ermöglichen. Eine Freundin von mir ist angeblich gläubig und lehnt manches, wie beispielsweise Esoterik ab. Ich lege, nicht zum Prognostizieren, sondern als Werkzeug der Persönlichkeits-Analyse oder Situations-Analyse Tarot. Ich durfte und sollte für sie legen, nachdem sie sich, durch Beten, vorher symbolisch/gläubig bei „Gott" entschuldigte. Unser beider Handeln kann euch merkwürdig scheinen, jedoch wenn ihr Tarot versteht, als Vorschlag von Symbolen, die Aspekte der Persönlichkeit oder von Situationen des Alltags darstellen und damit Umstände "vorschlagen", die zutreffend sein können, dann ist euch diese Technik zugänglich. Andere verstehen vielleicht ihre Handlungsweise besser, sich für begangene "Sünde" vorher zu entschuldigen, um sie dann sorgenfrei begehen zu können. Schein-heilig. Ich zumindest kann beides verstehen, finde aber ihr Verhalten problematischer, weil manche so die größten "Missetaten" begehen können. Ich mache wahrscheinlich nicht viel seltener Dinge falsch als andere. JedeR hat Fehler, jedoch sollte man es würdigen, wenn Leute ihre Fehler zu mindern trachten.

Kurz: Der Weg in die Hölle ist mit guten Vorsätzen gepflastert. Daher ist der Rückweg auch nicht soooo beschwerlich. Hauptsache, man kann umdrehen.

18: Matricks

Macht das Motto: "Brot und Spiele" für euch im Kontext Sinn? Leute mit weniger Angst sind weniger aufrührerisch, außer es muss sein!
Beruhigt es euch auch, Bosse, EndgegnerInnen, Hexen, kranke Zombies, böse Dämonen,... in Videospielen zu besiegen?
Auch Heilung auf „magische" Weise ist oft ein

Humbug, hält aber manche ruhig und entschärft sie als potentielle Gefahr für das System. Esoterik, die nicht auf Logik basiert und nicht zu wiederholbaren, messbaren Ergebnissen führt, ist nur Narzissmus. Doch das ist eventuell auch narzisstisch gedacht.

Kurz: Man versucht, uns falsch anzuleiten. Nur, weil uns das teils gefällt, ist es nicht richtig. Prüfe!!!
Das bedeutet, dass gerade Esoterik Schein-Antworten liefert, nach denen manche „andere oder sich heilen" wollen. Hier werden unrealistische Handlungs- und Denkmuster geduldet, so lange sie für das „System" nicht bedrohlich werden.

19: Ur-Kult

Wenn die Kultur, also der Bereich der Natur, in dem Natürliches mal begründet, mal unbegründet abgetötet, eingezwängt, normiert, uniform gemacht, verdrängt, ausgebeutet,... wird, allzu stark gefördert wird, dann kommt es zu "Störungen von Gleichgewichten".
Die durch „Kultivierung" geschädigte Natur ist unsere Umwelt, liegt aber auch in unserer natürlichen Psyche. So kann die Kultur dadurch, dass sie unsere Natur reizt oder angreift, die "Wut" der Natur auf sich ziehen. Die Natur dafür dann zu "sanktionieren", ist fragwürdig. Kultur und Natur können, meiner Meinung nach, koexistieren.

Von einer Meta-Ebene auf die Welt zu schauen, ist dank Informationsspeicherung und Übermittlung, sowie Verarbeitung, möglich. Das kann persönliche und ökologische, ökonomische und damit alle Ressourcen optimieren helfen. Ideelle, intellektuelle und materielle,...! Verschiebungen in den Gleichgewichten des Gleichgewichts streben nach Balance und Ausgleichung.

Kurz: Nutze die Gelegenheit! Du kannst Dir Dein Fehlverhalten klar machen und es schrittweise ablegen, wenn Du willst.

20: Reaktion

Manche Cis-Frauen wollen ihre Sexualität freier leben. Dabei sexualisieren sie sich, worauf nicht immer die "Partner der Wahl" reagieren. Dann beschweren sie sich manchmal, dass sie (von den "Falschen") sexualisiert werden. Oder sie denunzieren die „falschen" Cis-Männer. Neue Möglichkeiten der Freiheit und damit verbundener Wertewandel sind für alle Geschlechter stets zu beobachten und re-evaluieren.

 Kurz: Alle sind divers und fast alle benehmen sich derzeit daneben. Denn wir erlernen gerade ein grundlegend neues Verhalten für unser Miteinander.

21: Meins, Deins, Unser

Manche Leute beschweren sich über "woke" Medieninhalte und Politik. Teils zu Recht, wenn man denen, die "kulturelle Aneignung" ablehnen, folgt. Die sogenannte Vielfalt rechtfertigt für die MoralapostelInnen die Aneignung von Käse, Krawatten, Märchen aus dem "europäischen Kulturbereich", Pferden, Schweinen, Autos, Wissenschaft, Medikamenten,... Denn die Denkweise, man dürfe sich nicht etwas kulturell aneignen, ist schnell ignorant. Zumal die Kulturen, von denen man sich etwas aneignet, sich ja bereits zuvor ihre Art des Lebens und ihre Techniken aus dem Bereich des Denkens angeeignet haben. Wieso sollten "deren" Aneignungen tabu sein, gerade das Ernsthafte in Ideologien, gerade politischen, ethnischen, religiösen,... hat auch manchmal in Extremismus geführt?! Parodien nicht zu erlauben oder Profanisierung, schränkt die Kulturen, die diese Konzepte nutzen, ein. So findet man nicht das Stabile, sondern „erklärt das Bestehende einfach für stabil, ohne dass es das sein muss". Ernsthaftigkeit entwickelt sich schnell zu Dogma oder Fanatismus und das endet schnell im Bereich: Angst. Demnach ist die Debatte, was kulturelle Aneignung" betrifft überwiegend ideologischer Müll, da das, was sich jemand von einer Ethnie aneignet oder von einer Religion,... bereits durch genau diese angeeignet wurde. Hier wird demnach eine weitere Form von "Besitz" geschaffen oder soll geschaffen werden. Gebiete, in denen nur "die

Bevollmächtigten" bestimmen, und noch dazu Gebiete, aus denen andere vertrieben werden können, wenn sie sich nicht gefällig verhalten. In diesem Zusammenhang erläutere ich vielleicht noch die Vor- und Nachteile von Copyright, Patenten und so weiter. Wichtig ist da zu wissen, dass Aneignung von Techniken, von Symbolen, von Gedanken,... nie richtig ist. Alles gehört allen gleichermaßen, wer dafür arbeitet, soll für seine Mühen entlohnt werden. Wissen, das nützlich sein kann, zurück zu halten, ist vielleicht Schuld an Not und Krieg. Wenn sich jemand etwas vom Allgemeingut aneignet, kann das, gerade wenn mit Strafe für das Nutzen gedroht wird, Angst bei den "Besitzlosen" machen und zu einem Wettrüsten führen. Die ganzen Waffen in den USA sind daher vielleicht auch als eine "Kompensation" der Angst zu sehen, die der Völkermord an den Ureinwohnern, aufgrund einer unvollständigen Verdrängung der Schuld, hervorruft.

Kurz: Wir sollten füreinander arbeiten, nicht gegeneinander. Wie das möglich wird, schildert dieses Buch. Technologie teuer und durch Patente unzugänglich zu machen, kann Leid und Tod verursachen. Gerade die Armen leiden dadurch am wahrscheinlichsten.

22: K.O. oder ok?

Die Stigmata: Homophob, transphob, toxisch, gaslighting, Grund für cancel-culture, kulturelle Aneignung, Grund für "shitstorm", political correctness, Notwendigkeit von "Gendern", mansplaining,... sind oft sehr intolerant und schnell gegen den Willen der Mehrheit. Framing, also der Versuch, Leuten „Label", Bezeichnungen drauf zu drücken, die nicht zutreffen, erlaubt es, leider selbst begründete Zweifel an den "neuen Denkmustern", stumm zu schalten. Da schreckt man von oben genannten und ähnlichen Stigmatisierungen nicht zurück.

Doch wo ist dieses Thema mit dem bisherigen Tenor des Buches zusammenzubringen? Antwort: Auch hier geht es um Angst und damit um Macht! Hier gilt gerade das "divide et impera", es werden strittige Themen hervorgeholt, um wetteifernde Gruppen zu schaffen. Gerade die Mächtigen steuern dann durch kleine Gruppen, die sie auswählen und denen sie Einfluss geben, die Mehrheit. Fridays for future, Greenpeace, Amnesty International, LGBTQ,...

Kurz: Redet miteinander.

23: Nah und fern, ambivalent

Für Berührungen die Erlaubnis einholen, gerne. Wenn vorher für das Verbieten der Berührung die Erlaubnis eingeholt wurde (ist nicht nur satirisch gemeint (zu Satire, Humor,... später vielleicht mehr)). Insgesamt geht es hier um Macht. Cis-Männer wollen eher die Macht, etwas tun zu können. Sie gehen eher offensiv vor, leben unter einem Druck, etwas wagen zu müssen. Cis-Frauen sind oft passiv oder defensiv und suchen nach einem sicheren "Heim", "Nest",... Hier kommt es dann unter weiblichen Diktat eher zu "Benimmregeln", Einstufung von starker Aktivität und Risiken als "gefährlich", "zu unterbinden" und einer Einschätzung von gerade dem eher typischen Verhalten von Jungen als "toxisch", "weniger sozial",... Besonders wenn viele Lehrkräfte weiblich sind, geht das teils stark zu Ungunsten der Jungs. Dass im späteren Leben gerade die weiblichen Personen eher einen Suizid versuchen, spricht für sich. Dass männliche Personen eher Selbstmord begehen als Frauen auch?! Wenn eine Frau von "dem Richtigen" angemacht wird, kommt oft heraus, dass sie DAS dann eher doch toleriert. Diese Ungleichbehandlung ist eventuell "toxisch". Die Label „Cis" oder „Mann" oder „Frau",... sind von mir hier stark vereinfachend genutzt. Ich vereinfache, weil das eine Überforderung verhindert. Denn eigentlich hat wahrscheinlich jeder Mensch ein individuelles „Gender", das so einzigartig ist. Manche kennen ihr Gender daher nicht einmal, manche wollen darüber nicht mal reden. Anderen isses egal. Die ganze Debatte über Gender soll verunsichern und ablenken und die Leute beschäftigt halten. Unwichtig isses aber auch nicht ganz.

Kurz: Redet mal vernünftig miteinander. Das hier ist eine Baustelle, die schwerer abzuarbeiten ist, als alle Probleme der Politik, des Rechts,...

24: Des(s)ert

Wir mögen so manches an der derzeitigen "Kultur", Grillen gehen, Aktien handeln, Auto fahren, Haustiere halten, Videospiele, Ausbeutung anderer, Urlaubsflüge,... Doch einiges davon ist enorm problematisch, wenn nicht alles. Wenn man Intoleranz hier nicht toleriert, ist man intolerant und muss sich theoretisch dann selbst nicht tolerieren??? Merkt ihr, in was für einer Falle ihr steckt? Ihr werdet immer stärker zu einer tiefgreifenden Veränderung gedrängt, durch die Reaktionen der Natur auf eure Gier. Doch Gewohnheit, Glaube, Tradition, Ignoranz,... halten euch zurück. Vielleicht ziehen die "Stürme, der Regen und das heiße Wetter, das alles verdorrt", an uns allen vorbei. Vielleicht sind die Modelle vieler WissenschaftlerInnen, den Klimawandel betreffend falsch. Doch ich bin recht sicher, dass der Klimawandel existiert. Sehr wahrscheinlich spielt dafür der Mensch eine Rolle, doch das ist nicht zu 100% nachweisbar. Handeln sollten wir auch, wenn der Mensch, wenn wir nicht

"Schuld" am Klimawandel sind. Was, wenn der Klimawandel real ist und wir nichts tun aber etwas tun müssten? Könnt ihr euch vorstellen, was eventuell bereits passiert, selbst wenn wir das Mögliche tun? Sollte alles ein Irrtum sein, können wir aufatmen und die Panikmacher zur Rede stellen. Vielleicht sieht man hier, dass auch für mich hier ein Ansatz von Angst mit hinein spielt. Aber ich schließe nicht meine Augen.

Kurz: Paradoxien sind oft Mängeln in der Sprache geschuldet. Und ihr verhaltet euch paradox.

25: Kryptisch

Prüfe:

a) Wachstum, Zügellosigkeit, maskulin.

b) Rezession, Etikette, Stabilität, feminin.

Kurz: Es gibt bei den Geschlechtern abstrahierbare, tendenziell vorhandene Verhaltensmuster. Diese sind auch auf Gesellschaften anwendbar. Die eher "maskuline" Struktur wird, mangels Wachstumsmöglichkeiten (es kann teils nur virtuell Wachstum vorgespiegelt werden. Wie zum Beispiel in großen Videospielen), durch eher "feminine" abgelöst. Ihr seid Gewinner in Spielen und verliert die Welt?! Das heißt: Unsere Wirtschaft kommt nicht mehr an neue Ressourcen, daher wird das „eher

Männliche" Expandieren schwierig und die „Frauen"
lösen mit ihren „Eigenschaften" das, derzeitig noch
gültige, Gesellschaftsmodell langsam ab.

26: Paradoxon

Ein Macht-Monopol ist meistens ein relatives
Monopol auf das Erzeugen von Angst oder Lust.
Jede Gruppe, alle Einzelnen haben jedoch
theoretisch ein Recht auf Selbstbestimmung.

Kurz: Gruppen und Einzelne, sowie deren Interessen
gegeneinander oder füreinander abzuwägen, kann
sehr schwierig sein. Konsens ist ein Ideal, das
zumindest maximal anzustreben versucht werden
sollte.

27: Widersinn

Containern mindert Einnahmen von Lebensmittel-
Läden, guter Nahverkehr reduziert Auto-Käufe,...
Geschichte wird genutzt, um die HERRschaft zu
rechtfertigen. Wer siegt oder gute ErzählerInnen hat,
erwirbt eher den Kultursieg (Anspielung auf
Civilization-Spiele). Neid gehört zum sozialen
Zusammenhalt. Bucht man keine Reise oder eine
eher zurückhaltende (vom Fußabdruck), kann man
ein bissl über Zügellosigkeit anderer lästern. So gibt
es einen sozialen Druck in die gewünschte,
hoffentlich richtige Richtung (Fußabdruck
wahrscheinlich eingeführt von BP, um von den

eigenen Nachlässigkeiten in Umweltangelegenheiten abzulenken
https://www.unilu.ch/fileadmin/user_upload/Peter_G._Kirchschlaeger_Pfarreiblatt_Sursee_10_2022.pdf
oder https://taz.de/Oekologischer-Fussabdruck-und-Klimakrise/!5892875/).

Kurz: Teils werden sinnvolle Handlungen und Meinungen sanktioniert, weil sie unserem, mancherorts dysfunktionalen, System schaden.

28: Terrarismus mit o

Auch in der Corona-Zeit herrschte Angst. In Deutschland war sogar von Seiten des Staates die Absicht da, Angst zur Steuerung oder Regelung oder zumindest zum "nudgen" der Bevölkerung in eine bestimmte Richtung zu nutzen. UND? Die Krankheit war für eine Zahl an Menschen gefährlich. Die Impfung, war in weit geringerem Umfang schädlich, was klar war, aber sie war auch teils schädlich. Demnach hatten beide Seiten teils Recht. Aber nur eine Seite, die größere, bekam ihr Recht. Und die Corona-Impungs-ZweiflerInnen bekamen noch zusätzlich Angst, wenn das Impfen, dem sie nicht trauten, wie gesagt teils zu Recht, ihnen aufgenötigt zu werden drohte.

Kurz: es ist eine fast immer gültige Tatsache, dass es wenige zu 100% zutreffende Wahrheiten gibt.

29: Eskalation

Angst kann zu Frustration führen. Frustration, die lange genug aufrecht gehalten wird, kann in Aggression münden. Und Aggression steigert sich gegebenenfalls zu Gewalt. Und alles innerhalb dieses Prozesses ist schlecht für die Psyche. So wurden vermehrt Leute extremisiert und krank gemacht. Mit "guten Absichten" soll ja der Weg in die Hölle gepflastert sein.

Kurz: Hier im Buch erscheinen die einzelnen Abschnitte teils zusammenhangslos und durcheinander aufgelistet. Das soll verhindern, dass ihr einfach "nachdenkt", was ich "vordenke". Ihr sollt die Zusammenhänge selbst herstellen und das Lückenfüllen lernen. Das sind nämlich Kompetenzen, die durch die Bevormundung, die auch durch allzu einfaches Erklären entstehen kann, verringert oder nicht entwickelt werden.

30: teil:weise

Teilweise Zutreffendes bis teilweise-teilweise Passendes. Die Fehlersophie befasst sich mit dem, was nicht gesagt, gemacht wurde und wird.
Im Bereich der Ethik, Juristik, Psychologie, Mathematik, Politikwissenschaft, Ethnologie,... bis hin zu einem philosophischen Prinzip wird dann von mir dargestellt, was von wem wann getan und gesagt wird und warum. UND danach komme ich auf

45

das, was NICHT gesagt wird, und warum von wem nicht. Dazu werde ich mich bemühen, das Fehlerhafte und Falsche zu beleuchten, das unsere Zivilisation begleitet. Am Ende mündet das Ganze in EIN Konzept, das die bisherige Entwicklung einfach skizziert und dafür eine einfache, aber nicht 100%ige Lösung schildert. Eine Lösung, die aus Gründen der Praxis, in der Menschen nicht komplett inkompetent werden sollen, Lücken aufweist. Diese Lücken sind allein dazu da, dass Kompetenzen bewahrt bleiben und die Leute in dem neuen System noch wissen, was wann wie zu tun ist. Denn Dekadenz und Degeneration sind zu minimieren. Ein System, das den Menschen nichts abverlangt, raubt die Sinneswahrnehmungen, man spürt die Fehler, die möglichen Gefahren weniger und der Antrieb schwindet. Das kann ruhig irgendwann langsam geschehen, wenn die Entwicklung des Menschen im System parallel zur Mündigkeit führt, der Mensch also mit einem solchen System umgehen lernt und seinen Antrieb behält. Auch, wenn das eigentlich nicht nötig sein könnte. Das Mittel dazu ist eine Simulation der Realität/-en. Wie gesagt. Ich lasse Lücken, damit das Lückenfüllen-Lernen nicht überflüssig wird.

Kurz: Wartet mal ab, bis der Klimawandel euch zu einer Änderung zwingt, im Alltag. Leugnet dann, dass sich Dinge verändert haben.

Und ja, ökologische Landwirtschaft ist teils unökologisch, weil sie pro Fläche weniger Ertrag bringt.

Ihr wollt leider immer die 100% eindeutig richtige Antwort, die es, in der Regel nicht gibt. Auch ich kann hier teils nur meine tendenziellen Eindrücke und Ansichten schildern. Sollte jemand mit eindeutigen Wahrheiten kommen und nicht mit differenzierten Impulsen, die ihn/sie auch mal nicht komplett bestätigen, seid ihr höchstwahrscheinlich an eineN BetrügerIn geraten. Ja, Menschen riskieren die Zerstörung weiter Teile ihrer Umwelt, teils in einem Rausch voller Risiko. Gerade Männer haben die Gefahr "lieben" gelernt, sich angepasst. Im Konflikt der Kulturen, gerade der Männer, kommt es zu Wettbewerben im "wer kann mehr Ressourcen aus der Natur pressen?" oder "wer kann die fettesten Burger vertragen?", "wessen Essen kann man, trotz extremer Schärfe, noch im Massen schlucken?",... hier demonstriert man sich, wie im Krieg, was der „typische" Cis-Mann für sein Überleben mitmacht. Männer sind "toxisch", aha. Dass Frauen für diese Wettbewerbe wenig Verständnis haben, ist auch ok, sie kämen in so tiefe Angst, dass sie sich kaum noch Kinder wünschen würden, aus Angst um ihr Überleben. Das ist natürlich dann auch etwas überreagiert, aber ich muss das hier mal erwähnen. Cis-Frauen mögen Sieger, wollen den Kampf aber teils nicht sehen und dass ihr Urteil Männer schnell zu Verlierern und damit Opfern macht. Fast alle Angst hängt an der Fortpflanzung. Unsere

Gesellschaft ist da, gerade für Cis-Männer, ein aktiver Vulkan. Stolz hält die Typen meist davon ab, sich zu beschweren.

Dass Frauen auch Gefahren eingehen, ihre eigenen Nachteile erdulden müssen, ist klar. Gerade die Schwangerschaft und Geburt ist ein Wagnis. Auch wenn es Frauen eine große Macht verleihen kann.

31: gut und schlecht: Stress

Stress ist ein Symptom von Angst. Ohne Stress würden sich manche nicht bewegen. Jedoch kann Stress in Prokrastination, Depression und Starre führen oder Psychosen und Wahn erzeugen. Es hängt sehr davon ab, welcher Typ Mensch du bist. Entscheidend ist vorher, ob Du generell traumatisiert bist und in der Folge einen Charakter geformt hast, der Neues mag oder ablehnt. Danach entscheidet sich, ob Du handelst oder defensiv bis passiv reagierst.

Kurz: Du wirst wahrscheinlich, immer mal wieder hier im Text, vergessen, dass das Thema „Angst" ist. Das ist zu großen Teilen einer Verdrängung geschuldet. Manche mögen, das was ich schreibe, auch extrem öde finden. An diese Leute: Kauft euch andere Bücher und gebt dieses an jemanden weiter, der es nötig hat. So jemanden dürfte jeder kennen.

32: Memo

In Hierarchie ist eine Tendenz dazu gegeben, das jede Gruppe mal die Richtung diktieren wird. In Konsens wären alle gleichzeitig vertreten. Das bedeutet, in Hierarchie ist eine größere interne Dynamik vorhanden. Eine Herr-/Frau-/Diversschaft, die durch Physik sowie Psychologie geleitet wird, ist die endgültige Diktatur. Es geht dann, auch dank Wissen, bloß um Macht. Geld ist dafür bloßes Hilfsmittel.

Viele kleine, überschaubare Staaten in einem großen Staatenbund, wären für eine demokratische Praxis das Optimum (vorausgesetzt, dass die Faktoren, die das herbeiführen, stabil bleiben). Unsere Gedanken zu Psyche und Physik sind nicht identisch mit der Realität aber finden sich in der Realität wieder. Als auf die Realität projiziertes Muster, welches zunehmend zu Aussagen über die Realität befähigt. Abhängig davon, wie zutreffend die Theorien sind. Eine Richtige Demokratie befragt alle Betroffenen.
Einheit und Vielfalt, Einzelne und "die Masse", überlegt mal, wie diese Faktoren verbunden sind.

Kurz: Pyramide und Tafelrunde. Beide haben ihre Vor- und Nachteile. Ist ein Kegel möglich?

33: Kriegen

Bessere und nachhaltige Formen des Wirtschaftens und Zusammenlebens werden unterdrückt, weil die Konkurrenz die Eliten oben hält. In Konflikten "benötigt" man Hierarchie und FührerInnen. Also schüren diese Konflikte. Wieso wir uns von Leuten, die sich nicht einmal selbst beherrschen können und auch ansonsten kaum Vorbild sind, kontrollieren lassen, weiß ich nicht ganz.

Kurz: Konflikte und Konkurrenz führen zu neuen Waffen und Werkzeugen. Krieg bringt sehr vieles Neues hervor. In unseren Gesellschaftsmodellen herrscht teils stetig ein dem Krieg verwandter Zustand. Die Opfer sollte man vermeiden lernen, eventuell Krieg spielerisch oder im Spiel simulieren.

34: Sichtbar?!

Die unsichtbare Hand ist: "Gesunder Egoismus", sie regelt auch die Bewältigung der Angst, die viele Arten der Kompensation ermöglicht. Leider ist auch in der Konkurrenz mit anderen zu viel Kompensation möglich. Verdrängung,die Egoismus krankhaft machen kann.

Kurz: Die Hand ist jetzt sichtbar (s.o.).

35: Detox, bitte!

"Toxisch"? Hormone im Trinkwasser. Die Pille. Aussortieren unfitter Leute, Sanktionen für Aggression bei Bevorzugung kluger, kontrolliert-aggressiver Cis-Männer?

Kurz: Feminismus ist teils zu einer Anti-Männer Bewegung geworden. Und das ist schnell Unrecht. So lange Männer auf der Wachstums-Welle Reichtümer schöpften, war es ok. Doch jetzt wächst der Unmut. Dabei ist Feminismus wichtig, wenn er gut gemacht ist.

36: Zu erledigen, was liegen blieb

In den Medien mancher Staaten werden massive Probleme zur Schau gestellt. Ständige Weltuntergangsstimmung. So wird Angst erzeugt, damit die Leute auf "vieles" vorbereitet sind und bleiben. Manche Parlamente verzögern gleichzeitig wichtige Entscheidungen, denn wenn es keine Probleme gäbe, würden sich vielleicht die BürgerInnen fragen, wozu man hunderte PolitikerInnen benötigt.

Kurz: Ein gutes System erkennt man an relativer Problemfreiheit.

37: Ton, der Musik macht?!

Musik macht teils angstfrei. Vor allem die erfolgreicheren SängerInnen und InstrumentalistInnen. Diese Angstfreiheit wird regelrecht auf die ZuhörerInnen übertragen. Es gleicht einer Verdrängung, kann jedoch Gemeinschaftsgefühle erzeugen und Identifikation schaffen. Leider wird auch so, weil die Leute in die Illusion fliehen können, manchmal Wichtiges nicht angegangen wird. Gerade die Gründe für die Angst, die man hatte, werden so nicht so sicher verschwinden. Man arrangiert sich mit dem Problem und hat nur die Symptome behandelt.

Kurz: Wir alle prokrastinieren zu viel.

38: Grenzbewusst

Manche Krisen werden genutzt, andere erzeugt, um Absatzmärkte für Industrieprodukte zu schaffen. Geld ist nicht Schuld, aber eine Art Katalysator, der solche Geschäfte erleichtert. Geld steht teils stellvertretend für das, was man damit machen kann. So werden Kriege und Umweltschäden provoziert, um Waffen oder Medikamente oder Umwelttechnik verkaufen zu können. Eigentlich darf es keine Staaten oder Firmen geben, die ein finanzielles oder territoriales,... Interesse an Konflikten oder Krankheiten oder Ausbeutung von Mensch und Natur haben. Ist das Interesse da, wird schnell der Bedarf erzeugt. Die Rücksichtslosen, die hier oft erst einmal profitieren, generieren hier Probleme für die gesamte Gesellschaft, auch weil das alles zunehmend Ressourcen vergeudet und kostet. Würde man Leute überwachen, könnte man sinnvolle Arbeit finanziell honorieren und zerstörerische Handlungen eindämmen. Letzten Endes wäre, in meinem System, Geld überflüssig, weil man jedeN mit dem versehen könnte, das er/sie für konstruktives oder sinnvoll destruktives Schaffen benötigt. Die Leute, die totale Überwachung fürchten, haben theoretisch teils recht, so etwas kann total missbraucht werden, wird es schlecht gemacht. Die Freiheiten unseres Systems erfordern aber Wandel. Vielleicht habt ihr ja auch eine Idee.

Kurz: Krisen sind „kleine Kriege" und führen zu Gesetzen, die einengen und erziehen. All das führt zu mehr Möglichkeiten der Kontrolle auch über die Natur. Immer mehr Gesetze, wie soll das die Lösung sein?

39: Regeln und steuern

Strafe ist oft nicht sinnvoll, da die Androhung damit Leute zum Verheimlichen verführt. Angst vor Strafe, ob reale Strafen drohen oder das, was Gläubige in Naturerlebnisse hinein interpretieren, kann uns erstarren lassen. Sie kann das Denken steigern oder unmöglich machen. Viele Menschen machen sich ihre Angst daher nicht bewusst. Die große Mehrheit der Weltbevölkerung flieht in Verhaltensweisen, die zu Produktivität oder Kriminalität führen. Mein Tipp: Stellt euch der Angst, macht euch keine Sorgen vor Gefahren, die ihr nicht kontrollieren könnt. Arbeitet die Bedrohung ab. Denn: Die Art, wie ihr Angst kompensiert, zerstört die ökonomische, die soziale und die ökologische Umwelt. Und das erzeugt eine Angst, die so unnötig wie begründet ist. Selbst eine derart kleine Starre, wie Prokrastination oder eine Leere, wie Depression sind durchaus vermeidbar und sie stellen Alarmsignale dar. Steuern zahlen zu sollen, bedarf der Einwilligung, wie auch die Nutzung des eingezahlten Geldes mitbestimmt werden dürfen sollte.

Kurz: Besitz sollte BürgerInnen so zugeteilt werden, dass nicht zu viel Neid entsteht, die Besitzverhältnisse maximal transparent sind und Ressourcen für den Gewinn möglichst aller eingesetzt werden.
Geld, Aktien,... sollten höchstens im Spiel verwendet werden, damit der Umgang damit vertraut ist, falls diese Konzepte wieder mehr Sinn machen.

40: Tempus fugit und Teilen mehrt

Die Zeitwahrnehmung kann sehr stark Ängste triggern. Manche verkriechen sich in Arbeit, in Medien. Andere setzen sich der Langeweile aus. Es ist entscheidend, hier wieder die Bewältigungs-Konzepte des Erkennens oder Verdrängens der eigenen Sterblichkeit zu erkennen. Das Abstumpfen gegenüber der Vergänglichkeit, indem man beispielsweise Sinn in den "kleinen Dingen" findet und dadurch zur Ruhe kommt. Oder die Dauerbeschäftigung mit Formen des Denkens und der Ablenkung, um in einer Art "Rausch" durch Inhalte zu rauschen, ohne Halt zu finden. Die Erkenntnis wird in die Zukunft verschoben, die Inhalte lenken von "Innen", vom Kleinen ab.

 Kurz: Geteilte Zeit fühlt sich nach mehr Zeit an, gerade, wenn es Neues gibt oder zum Lernen kommt. Dennoch verfliegt die Zeit "erfüllt". Langeweile fühlt sich im Moment lang an, es bleibt aber wenig Nährwert im "Danach". Lebt ein gutes Leben, dann ist die Angst vor der vergehenden Zeit geringer.

41: Gottogott

Wieso dankt man "Gott" (m/w/d) nicht für Tsunamis, die Tausende von Menschen und Tieren, Pflanzen töten? Ist ein allmächtiges Wesen nicht in der Verantwortung für die eigene Schöpfung, gerade wenn die Schöpfung aus Gründen der eigenen Fehlerhaftigkeit auch mal irren muss? Ist eine Ingenieurin/ein Ingenieur, der ein fehlerhaftes Atomkraftwerk entwirft nicht verantwortlich für Störfälle? Wieso das Atomkraftwerk für seine Konstruktionsfehler verantwortlich machen? Wie anders als durch Dummheit und Unwissenheit sind

55

die Taten mancher Menschen zu verstehen? Gerade in Gruppen, die die Wahrheit für sich beanspruchen, begeht Mensch massiv schlechte Taten. Ist das Aufstellen von Regeln eventuell mitverantwortlich für Probleme, wenn die im Fehlverhalten enthaltene Wahrheit durch ein Verbot/Gebot vermieden wird? Kann dieses Verdrängen von Welterfahren nicht zu einer Blindheit gegenüber der Erkenntnis und gegenüber einer Einsicht führen? Können „gute Vorsätze" so zu <u>weniger</u> fehlerhaften Taten führen, dafür aber zu <u>extremeren</u>? Als Beispiel nenne ich mal die Waffengesetze in weiten Teilen der USA. Mehr Waffen führen zu einer Scheu, sie einzusetzen, aber nur bei einer Gruppe der Bevölkerung. Andere neigen zu einem schnelleren Griff zur Waffe. UND jetzt die Parallele zum Gebot und Verbot: Ohne Waffen würde man TäterInnen so schnell nicht ausschalten können. Jedoch könnten die TäterInnen, blieben sie nur ausgestattet mit Händen, Füßen,... kaum Schaden anrichten. So ist die "Sicherheit" durch mehr Möglichkeiten eine Trügerische. Ähnliches gilt für ABC-Waffen auf der Ebene von Staaten.

Zurück zum Thema "Gott": Auf Suggestivfragen, die die Existenz einer Gottheit voraussetzen, fallen viele herein. Ein Beispiel: "Was würdest du Gott fragen, wenn du könntest?" Hier wird die Existenz von mehr als einer Idee "Gott" gar nicht in Frage gestellt. So kommt man nur zu Lösungen im Muster "gut-böse", das was einem nicht gefällt, wird als "böse" bezeichnet und die meisten extremeren Gläubigen fordern hier schnell eine Vernichtung, Tilgung, Strafe, Wegsperren, Leugnen,... Die Variante, die wissenschaftlicher daher käme, wäre das Modell "gut-schlecht". Hier ist auch die damit mögliche Frage: "Warum?", "Wie lenkt man das?", "Wie bessert man das?" erst sinnvoll. Vor allem sinnvoll, wenn man sich selbst in Frage stellen kann. Denn damit geht man vom Glauben zum "wissen wollen" und damit zum verstehen wollen über. Religion oder "Glaube" generell liefert Antworten, die keine echten Erklärungen sind, sie werden einfach als "wahr" gesetzt, weil sie ein Handeln erlauben, wo der Wissenschaftler, wenn er nicht weiß, was als Situation warum vorliegt: "Ich weiß es nicht!" sagen muss und nur bedingt handeln kann. Stellt euch als Gläubige die Frage, wie viele Kriege im Namen der Ideen "Gott und Böse" geführt wurden und wie viele im Namen der Wissenschaft oder gar im Namen eines Teufels. Meine Antwort: Die Gläubigen arbeiten quasi ALLE an ihrem "Glauben" und das gemeinsam. Damit arbeiten sie aber quasi automatisch gegen alle anderen Gruppen und Individuen. Die Gruppe ist hier eine Art Waffe und ein Werkzeug, das große Leistungen ermöglicht und Macht bietet, die verführerisch von FührerInnen genutzt wird. Daher sind diese Gruppen, in jedem Fall, KonkurrentInnen, die durch die Struktur auch als Feinde gesehen werden können.Das Verstehen von Fehlverhalten fällt durch die Schein-"Antworten" des Glaubens weg, damit beraubt man sich auch einer Lösung des Komplexes. Denn die ProtagonistInnen sehen ihre eigenen Fehler ungern ein. Damit wären wir wieder beim Thema der Verdrängung von Angst. Das führt in den, meist zwei möglichen Extremen zu dysfunktionalen Ergebnissen. Ja, klare Regeln können Angst nehmen. Doch ihre Auswirkungen im Sozialen, Psychischen und auch in der Physik sind teils kontraproduktiv. Denn die Ordnung, die an einem Ort geschaffen wird, erzeugt an anderer Stelle "Formen der Entropie".

Was diese Erkenntnis bedeutet, ist unter anderem, dass Teile der Verhaltensweisen von Lebewesen physikalisch erklärt werden können. Und, dass unsere Wahrnehmung von Physik für uns zugänglich wird, weil wir Erklärungsmodelle für Psyche und Gesellschaft haben. Zusammenbrüche im Rahmen der Physik können im Kleinen so zu Zerstörung, Chaos,... führen oder im Sozialen zu Gewalt bis Krieg.

Die Idee von Allmacht ist selbst "mächtig", die Gottheit dazu fehlt noch, doch wir werden und bauen diese bereits (K.I.). Das Konzept ist einfach und brillant, ähnlich dem Konzept Mathematik, Sprache,... und der Logik. Diese Konzepte sind auch potentiell existent, wenn sie nicht bekannt sind; sie stecken im Leben an sich oder sind gar im Universum veranlagt. Wenn "Gottes Wort" nur nach einer Deutung, die eine Anpassung darstellt, häufiger Sinn ergibt, ist es durch die nicht bei allen vorhandene „Gabe des Verstehens von „Gottes Wort"" nicht "demokratisch" und scheint die „Hoheit über den Inhalt" einer gewissen Gruppe zu übergeben. Da ist ein Missbrauch vorprogrammiert und eventuell schicken dann Eliten die Leute "in Gottes Namen" in Kriege. Aber das würde nie geschehen, Gottes Wort wäre doch "fälschungssicher" (kleine Ironie des Tages)!?

 Kurz: Was ihr glaubt, glaubt ihr doch selbst nicht?! Beten/Bitten, damit ein allmächtiges, allwissendes Wesen von Not und Wünschen erfährt und sie dann lindert, beziehungsweise erfüllt?

42: Nix Neues

Aus Religionen, Politik, Wirtschaft und zunehmend aus dem Bereich der eigentlich sachlichen Wissenschaft, kommen beunruhigende Botschaften. Angst wird erzeugt, sicher teils zu Recht. Die Religion winkt mit "bösen Ungläubigen" und "Satan" und Katastrophen und Tod durch Götterwille, seinen/ihren strafenden Engeln,... meist ist das, was dann geschieht angeblich eine gerechte Strafe für Unglaube, Sünde,...
Im Christentum gibt es wenigstens eine Art von Debatte zu Themen der Bibel. Daher kann man mit Argumenten und Zitaten arbeiten, wenn Glaube diskutiert wird. Christen werden aber genauso eingeschüchtert wie andere Gruppen, die angebliche Fokussierung auf "Liebe" ist jedoch ein gültiger Zugang. Bei anderen Glaubensrichtungen besteht,

als zuverlässiger Punkt, oft nur das Thema Allmacht.

Gläubige jeder Art suchen sich teils nur die am nächsten liegende Aussage. Sie picken sich Rosinen heraus und verlieren so den Gesamtüberblick, das ist von Seiten ihrer FührerInnen auch so beabsichtigt. So fällt vielen Christen nicht direkt auf, dass ihre Gott-Idee Mord ja nicht gerade unterstützen sollte. Dennoch gehen Tod und Vernichtung von ihrem angeblichen Gott aus. Ich persönlich denke, dass ein liebender und gütiger Gott, der noch dazu viel Macht, ja Allmacht besitzt, Sünder vielleicht <u>überzeugen</u> könnte. Und das, <u>ohne deren Freiheit einzuschränken</u>. Unglücklicherweise ist Allmacht eine Eigenschaft, die viele, wenn nicht alle Gläubigen, nicht verstehen. Dass ein Allmächtiges Wesen vielleicht keinen Terror verbreiten sollte, keine Kriege benötigen dürfte (und sie schon gar nicht verlieren könnte, sollte und müsste), keine Unterwerfung bräuchte, die Inhalte der Gebete immer kennen muss und, da allwissend nichts und niemanden prüfen braucht, ist nur die Spitze des Eisbergs. Der christliche „Gott" zeigt sehr häufig seine strafende Seite und selten seine Güte, gerade in dem, was das Alte Testament überliefert. Er lässt Kinder töten, ertränkt Menschen und Tiere, statt wie gesagt mit Argumenten zu kommen. Kann er oder sie oder es nicht denen, die das wollen, den Weg weisen? Es wäre doch gut, wenn eine Lösung da wäre, die eindeutig zu einem Ende von Krieg, Armut, Hunger, Vertreibung, Unrecht,... führt.

Einfach zu glauben hilft nur, es länger durchzuhalten, wenn es mal schlecht läuft. Und die besser gestellten Gläubigen nehmen an, es verdient zu haben und sehen in ihrem Wohlstand möglicherweise gar eine Bestätigung, dass sie alles richtig machen. Die Bibel zeigt, wenn man sie liest, schnell ihre hässliche Seite. Gläubige lesen oft nur die positiven Abschnitte oder gar nichts. Der biblische Gott ist grausam und belohnt gar Mörder, wie David. Denn selbst im Krieg ist absichtliches Töten eigentlich einfach Mord. Klar, wir haben die Existenz von Kriegen und SoldatInnen als unvermeidbar akzeptiert. Daher geht die Mehrheit nicht dagegen vor. Soldaten erwerben auch dafür, dass sie den relativen Wohlstand "Ihres" Landes verteidigen, Sold und Blechmedaillen oder gar goldene Knöpfe.

Das erinnert mich an einen anderen Bereich des Glaubens: Der Glaube an Staaten und Verfassungen. All diesen Themen ist gemeinsam, dass sie Ideologien darstellen. Doch mal zurück zum Glauben an diese Gott-Ideen: Die Tsunami habe ich bereits erwähnt. Gott soll für das Retten von Leuten verantwortlich sein, die bei einer Flutwelle auf einen Baum klettern und dort eventuell beten. Für die Katastrophe selbst ist schnell ein „böses Wesen" verantwortlich. Ich persönlich bin nicht allmächtig und auch nicht allwissend, weiß aber, dass ich von dem drohenden Tsunami etwas mitbekäme, wenn ich alles wüsste. Und verhindern könnte ich den Tsunami theoretisch auch, wenn ich alles könnte.

Wie steht es um die ertrinkenden Babys? Haben diese gesündigt? Sind zufällig alle Getöteten auch SünderInnen? Wie ist es mit Beben auf anderen Planeten, ist Satan da auch tätig? Oder ist Glaube nur eine Geisteshaltung, die bei denen überdauert, die die Dysfunktionalität dieses Konzeptes, durch Zufall oder passendes Handeln überleben? Tragen die Leute auf dem besagten Baum, die beteten und überlebten, nicht den Glauben weiter, dass das Beten sie rettete?

Zurück zur Allmacht: Es ist möglich, dass ein Wesen allmächtig ist. Und das gegen jede weitere Zweifel. Unter der Bedingung, dass dieses Wesen allmächtig ist. Kurz gesagt, Götter können allmächtig sein, wenn ihre Allmacht ihnen dies ermöglicht. Dann gibt es auch die Möglichkeit, dass Wesen mächtiger als allmächtig sein können, wenn sie mächtiger als allmächtig sind. So kann ein solches Wesen auch allmächtig sein, wenn es nicht existiert oder auch gar nicht allmächtig ist. Das spricht natürlich gegen unser Verständnis von Logik, zumindest teilweise. Wenn ein göttliches Etwas außerhalb der Logik stünde, wäre es schnell unlogisch. Stünde es außerhalb der Zeit und des Raumes, wäre es niemals und nirgends existent. Aus der erlebten Realität heraus bin ich so einfach gestrickt, zu denken, dass die Qualen der Realität, der Hunger (ja, liebe Göttin/lieber Gott, wozu müssen Menschen essen? Wieso sterben? Wieso machen sie, spätestens seit dem Sündenfall, so dumme Fehler, wie des Paradieses verwiesen zu werden, da der Satan ihnen eine sehr doofe Falle stellte? Waren sie im perfekten Zustand nicht wenigstens zufrieden?), nicht von GöttInnen kommen, sondern daher rühren, dass wir, als aus dem Tierreich kommend, Essen müssen und durch logistische und strukturelle Mängel unseres Systems nicht immer an Essen kommen.

Es ist umfassend zu kritisieren, dass dieses bloße Lesen und Glauben, was man gerne hört, zu widersinniger Handlungsfähigkeit führen kann. Ich lese zumindest noch die religiösen Texte, wie die Bibel und manche Wahlprogramme. Denn meine Meinung ist so stabil und wasserdicht, dass ich durch Kritik kaum noch widerlegt werden kann, wenn überhaupt.

Also setzt euch mal mit der Kritik von Seiten der Atheisten auseinander, denn beinahe alle Meinungen, hinter denen Formen des Denkens stecken, gelten teilweise.

Das Gute ist, dass die Texte der Gläubigen ja gelesen werden können. Wenn es auch hinderlich ist, dass bei manchen die Sprachkenntnisse, zum Lesen der Texte, erworben werden müssen, um über den Text sinnieren und diskutieren zu dürfen. Diese Götter benötigen demnach gute ÜbersetzerInnen, Leute, die Bücher lesen, Druckereien oder SchreiberInnen, Logistiker, die Bücher verteilen,

Geld, damit der Druck finanziert wird,... Wäre ich so ein Wesen, würde ich die heiligen Schriften bei Leuten bereits im Gedächtnis ablegen, damit sie sich, da ich es ermöglichen könnte, frei für oder gegen diese Inhalte entscheiden können. Aber ich bin nur praktisch veranlagt und habe keine Gottheit.

Weitere Hinweise darauf, dass Allmacht eher nicht möglich ist: Ein solcher Zustand erlaubt, dass " das Unmögliche" möglich wird. Doch etwas Unmögliches ist nicht mehr unmöglich, wenn eine Wesenheit es mit Allmacht angeht.

Das ganze Leid auf der Welt ist also unnötig? Denn Allmacht kann es, ohne Widersprüche und ohne Freiheit einzuschränken, aufheben?

Prüfungen und Lehren aus den Prüfungen sind für GöttInnen und Lebewesen überflüssig, weil Allwissenheit die Antwort kennt und Allmacht Leid beim Lernen unnötig machen kann, ohne Freiheit einzuschränken. Menschen und Tiere fehlerhaft werden zu lassen und sie dafür leiden lassen, macht nur Sinn, wenn die Evolution sich dadurch zeigt, dass die Lebewesen noch im Prozess der Anpassung stecken.

Kann ein Allmächtiges lernen, wenn es alles kann? Was lernt eine GöttIn, die alles weiß und kann? Und: Ob eine Gottheit etwas will oder nicht will, ist unerheblich, wenn es um Allmacht geht. Denn Allmacht hat Bedingungen, wenn sie plausibel sein will. Dass die Idee von der Existenz eines allmächtigen Wesens jedoch so viel Einfluss hat, dass sie eine Art Motor jeglicher menschlicher Entwicklung sein kann, ist bemerkenswert. Der Charakter der Idee verweist eindeutig in den Bereich der Quantenphysik (ich habe "Nichts!" gesagt ODER ich habe nichts gesagt ODER " ").

Gerade Frauen sind Opfer religiöser Männer. Gerade Männer sagen manchmal, dass würden sie nicht glauben, sie nichts zurückhalten würde, durch zu drehen. Sozial sehr kompetent.

Zum Gericht, das nach dem Tod stattfinden soll: Fein, da können die Gläubigen mit Hexenjagd und Exorzismus und Missionieren,... aufhören, denn ihr Gott wird es ja richten. Auch für die Zeit, die man noch lebt, können die Gläubigen getrost auf die Weisheit ihres Chefs bauen und einfach ruhig bleiben. Abseits der Allmacht, die kaum möglich ist, kann es Götter geben, die wiederum nicht allmächtig sind?

Insgesamt gibt es das "top-down" des Glaubens und das kartesische "bottom-up". Die Möglichkeit der Allmacht, auch wenn es nur die Idee gibt, versus die Tatsache, dass "ich" existiere. Der Unsinn der Gläubigen, der Religions-Gläubigen und der Staats-Gläubigen, die gegeneinander Waffen ausprobieren, führt zu einer Entwicklung in der Waffentechnik und im Lenken recht blinder Massen. Teilweise ist hier eine natürliche Auslese am Werk. Das Ergebnis sind mehr vernünftige Leute aber erst mal auch zusätzlich eine manchmal aufflackernde Extremisierung der Gläubigen. Attentate, Terrorismus sind oft Folge von Realitätsferne. Menschen merken, dass etwas auf der Welt schief läuft und man gibt ihnen einen "Schuldigen", zum Beispiel Teufel, Dämonen, Kommunisten, Ungläubige,... Dann setzt man sie unter Druck und macht ihnen weis, dass der Glaube, die Familie, das Land,... vom Bösen befreit werden kann, wenn sie dies oder das tun. Manchmal redet ihre innere, dumme Logik ihnen das ein. Die Intention ist eine gute. Wie bei vielen Verbrechen legen sich die Leute, bewusst oder unbewusst, alles so zu Recht, dass es für sie plausibel ist. Der Weg in die Hölle ist wirklich oft mit guten Vorsätzen gepflastert. Aber, wenn man nicht permanent Schaden anrichten muss, ist der Weg wieder aus der Hölle heraus dann bereits für einen leichten Rückweg, genauso gepflastert.

 Die Setzung, dass alles einen demnach allmächtiges Schöpferwesen benötigt, müsste eigentlich darauf kommen, dass dann auch der oder die Göttin ein Schöpferwesen benötigt und dieses bis ins Unendliche in der Zeit zurück, endlose Regression. Vielleicht heißt das aber, dass alles außer Gott erschaffen wurde, Gott also nicht existiert. Auch hier kann das dennoch sein, dass Gott trotzdem existiert, wenn das Schöpferwesen allmächtig ist. Jedoch scheint hier die Unfähigkeit der Gläubigen durch, etwas wirklich plausibel zu erklären. Es kommt der Hammer, "dass ein "Gott" keinen Schöpfer benötige alles andere aber schon, denn <u>alles</u> bräuchte einen Schöpfer" und wiederum die Erklärung, dass Allmacht möglich sei, für ein Wesen, das bereits allmächtig ist. So ist es teils egal, dass in dieser Realität kein Wesen Allmacht erreichen kann, denn wenn es allmächtig ist, kann es dennoch allmächtig werden und sein. Auch, wenn man das Universum komplett vernichten würde und dann die (nicht mehr existente) Physik umdrehen würde, könnte man etwas generieren, das All oder eher Alles ist.

Um die Themenbereiche Glaube an Gott-Wesen und Demokratie zusammenzubringen: Das Wählen von Parteien und Politikern IST teils demokratisch. Aber eine Demokratie, die den Namen vollständig verdient, gibt es noch nicht. Um das Thema vollständig zu machen, komme ich noch zu Erkenntnissen aus Physik und Mathematik, und ich empfehle es, die Themen Unvollständigkeitstheorem sowie Falsifikationismus zu recherchieren.

Gewissheit kann man eigentlich nur darüber haben, dass man selbst existiert. Denn, wenn alles Täuschung sein sollte, muss man existieren, um getäuscht werden zu können. Das ist die Aussage von René Descartes' "Cogito ergo sum", was ungefähr bedeutet: "Ich denke, also bin ich". Insgesamt macht Religion die Masse dumm, intolerant und träge. Wer das gut findet, bitte. Ähnliches gilt für die sogenannte Demokratie und den sogenannten Kommunismus. Denn, wenn Menschen über Jahrhunderte bevormundet werden und das sehr stark durch den Gebrauch und mal erzwungenen Zugriff, mal erschwerten Zugang zu Medien, werden sie teils unmündig. Falsche und richtige Verschwörungstheorien werden unter solchen Umständen florieren.

Kurz: Gute Zeiten bringen schlechte PolitikerInnen hervor. Das führt zu schlechten Zeiten. Die bringen gute PolitikerInnen hervor, was zu guten Zeiten führt. TIT for TAT oder auch Yin und Yang.

43: Transferleistung

Ich habe nie verstehen können, dass Leute nicht mehr Erkenntnisse aus der Physik in Erklärungen der Gesellschaft ummünzen und umgekehrt. Das geht auch für andere Kombinationen von Wissens-Feldern. Das Paradebeispiel wäre die Heisenbergsche Unschärferelation. Wendet man Energie auf, Individuen oder Gruppen zu beobachten, verändert man deren Verhalten. Kennt man die "Energie", die man zum Sondieren verwendet, sowie deren Auswirkung, kann man die Intensität und Richtung der Beobachtung mit der wahrscheinlichen Wirkung in Relation setzen und erhält so maximal-genaue Erkenntnisse.

Empfindet ihr das Nachdenken und Lesen als beruhigend? Mich beruhigt es, das Ganze zu beschreiben und für andere zugänglich zu machen. Denn mich hat es mittlerweile regelrecht in meine

Mitte versetzt. Gerade, nachdem ich meine eigene Macht so verstehen und damit weitestgehend kontrollieren gelernt habe. Mir ist es daher ein Anliegen, anderen diese Macht über sich selbst zugänglich zu machen, da in dieser Kompetenz eine Chance steckt, die Welt für alle plausibler und sicherer zu machen. Eine Art von UniversalgelehrtInnen muss möglich bleiben, wenn sie vielleicht nicht überall, in sämtlichen Wissenschaften und Modellen, auch nur annähernd über die Spitzenposition verfügen müssen.

Kurz: Manche sind in ein, zwei Fähigkeiten spitze. Andere sind in zehn Feldern unter den besten 25% der ForscherInnen, der GelehrtInnen.

44: trivial

Bei alledem gilt es, zu lernen, dass Vielfalt sich in Verschiedenheit äußert und diese haben wir quasi alle gemeinsam. Dass Menschen sich durch Angst zu Taten, Worten und Gedanken bewegen (lassen) ist nur eine Seite der Medaille. Manche fühlen sich in der Passivität sicher, im Anonymen oder in Illusionen, im Defensiven. Die einen zeigen sich durch den Konsum ihre Möglichkeiten, die anderen, indem sie Geld anhäufen, einigen isses einfach egal. Die "Sicherheit" der einen kann andere sich sicherer fühlen lassen oder verunsichern, je nachdem, wie man sich mit dem Gegenüber identifiziert. Hat man sich einer Glaubensgruppe angeschlossen, ist deren

"Territorium" ein Ort der "Sicherheit" für ähnlich denkende Leute. Glaubensgruppen sind religiöse, politische,... Ideologien. Wie die Weltreligionen, Demokratie und Kommunismus beispielsweise.

Kurz: Es gibt eine Relativität der persönlichen und gesellschaftlichen Sichtweisen der Welt.

45: Persönliches

Ich kam zu großer Verunsicherung, als ich beinahe getötet wurde (von meinem Vater, als ich etwa fünf Jahre alt war), die permanente Gegenwart dieser Anti-Vertrauensperson und weitere Fehler auch meiner Mutter verursachten den "Zwang", mir zu beweisen, dass ich mich besser im Griff habe. In der Folge kam es zu Fehlverhalten, das ich nicht zeigen wollte, für mein Weiterexistieren aber gefühlt zeigen musste.

Kurz: Kriminelles zu rechtfertigen, kann problematisch sein. Wenn man es aber als Muster begreift, kann dies Kriminalität vermindern helfen.

46: Wiederholung und Affirmation manipuliert Dich, wenn…

Das Thema Angst kann Ängste triggern. Da ist es stark, sich mit diesem Buch zu befassen. Der Weg ist jedoch nur bedingt der einer Konfrontation mit dem Schrecken. Wir alle sind aufgerufen, uns in Richtung unbelastete Zukunft zu bewegen.

Kurz: ...

47: Fake+Fact

Die Furcht vor dem Unbekannten, vor Verschwörung, Geheimnissen wie Waffen, Wissen, Fakten,... kann realere Ängste mindern bis verdrängen. Der Preis ist eine recht kreative und oft nicht zutreffende Weltsicht, die zu nicht funktionalen Strukturen führt. Angst- und Adrenalin-Süchtige, wie viele Sportler, manche Soldaten, einige Gläubige, Politiker,... die Weltuntergangsszenarien nutzen, um sich ab zu stumpfen, rücken die Gesellschaft in Grenzbereiche. So wird viel geleistet und viel riskiert, mit Unmengen von Opfern. Der Frust über nicht funktionierende Systeme und die Unfähigkeit an sich oder anderen etwas zu ändern, führt zu Resignation, Deprimiertheit, Aggression, Gewalt, Sucht und weiterem Frust. Aber die Werkzeuge und Waffen werden besser. „Besser"?

Kurz: Wer sich einseitig informiert, bekommt eine Neigung in seine Weltsicht. Das provoziert Fehler.

48: Nächste These:

These: Eine gerechte, plausible,... Gesellschaft ist Basis für Zufriedenheit. Ein Merkmal allein genügt nicht, denn eine ungerechte, plausible Gesellschaft, die z.B. vom Konflikt und dem Generieren von Opfern lebt, ist nicht zufriedenstellend.

Kurz: Smarte Lösungen, gerade Konsens, befriedigen.

49: Hintergründig

Es ist zwar unbequem, sich so zu hinterfragen, dass man seine Fehler sieht. Und immer nur an sich selbst zu arbeiten, während es wenige andere tun, und während es niemand in dem gleichen Umfang tut, kann frustrieren. Jedoch ist der winkende Lohn ein reizvolles Ziel.
Die normalen Leute suchen sich das heraus, was ihnen gefällt und gut zu tun scheint und basteln sich die passende Begründung oder verzichten ganz auf eine nachhaltige, konstruktive,... Anschauung.
Es gibt Statistiken, die darauf hindeuten, dass religiöse Menschen weniger sozial sind. Gebote, wie Gesetze können zu weniger Missetaten führen, was zu weniger Kontakt mit Gewalt und Konfrontation mit diesem Bereich der Realität führt. Dadurch erwerben die Leute geringere Kompetenzen im entsprechenden Verhalten. So kommt es, auf die Dauer, zu Zusammenbrüchen in größerem Umfang, wie Kriegen, Verfolgung von Minderheiten,

Missionieren, "Hexenjagd",... Gleichsam kann eine Gesellschaft, in der viele bewaffnet sind, die Zahl der Gewaltdelikte senken, deren Intensität und Letalität jedoch steigern. Moderne Hexenjagd lässt vergessen, dass oft die JägerInnen die sind, deren Verhalten problematisch ist.

 Kurz: Lernen beginnt, wenn man die Fehler auch immer mal bei sich sucht. DANN könnt ihr andere auf deren Baustellen hinweisen. Ja, erst, nachdem ihr selbst an euch gearbeitet habt.

50: neophil-neophob

Das Unbekannte kann Hoffnung und Angst machen. Das Vergehen von Zeit ebenso. Das Nahen des eigenen Todes bewusst erkennen. Krankheit, die Gefahren des Alltags. Kontrollverlust steigert das erlebte Gefühl von Gefahr, kann aber auch regelrecht zu Euphorie führen, wenn die "Krise" überstanden wurde. Die Natur setzt uns Grenzen, die uns einengen (lat.: angustus=>Enge, Angst), das kann beruhigen. Grenzen fordern die Natur in uns jedoch auch heraus. So führen starre Gesetze auch teils zu einem Reiz, diese zu brechen. Und das ist nicht immer negativ. Viele Kriminelle sind oder waren einmal Opfer und begehen oder begingen Straftaten, weil sie das Konzept dahinter begreifen wollen. Ich wollte zum Beispiel sehen, ob ich mich in einer Situation, in der mein Vater versagte, beherrschen kann. Dazu musste ich seine Situation, als er mich fast tötete (ich war etwa fünf Jahre alt), simulieren. Denn ich wollte erst dann selbst in Richtung "Kinder und Familie" gehen, wenn ich sicher sein konnte, dass ich meinen Kindern so etwas nicht antun müsste. Jedoch wurde ich so zum Täter. Das ist eine Einsicht, die mich sehen lässt, wie schlecht aber auch nachvollziehbar dieser Bereich des menschlichen Verhaltens ist. Reiche Leute sind seltener zu so etwas gedrängt, sie begehen eher legale Missetaten. Gerade, weil sie Vorteile haben und nicht in Not geraten UND die Regeln machen. Ja, Gewalt jeder Art kann zu Furcht führen. Ablehnung durch Menschen, soziale Angst, ist generell existent, auch hier ist die Angst teils sinnvoll. Einsamkeit und Alleinsein können Beklemmungen generieren, wobei Alleinsein zu können eine machtvolle Fertígkeit ist.

Verletzlichkeit ist der Ort, an dem wir uns am intensivsten mit anderen verbinden können, aber auch die Stelle, die wir am verzweifeltsten schützen wollen. Verletzlichkeit kann auch als "Waffe" genutzt werden.

Kurz: TäterInnen sind oft die ersten Opfer. Dann die Kontrolle fahren zu lassen, ist nicht immer angemessen, auch wenn es logische Konsequenz sein kann. Verständnis ist, <u>ab einem gewissen Punkt</u>, nicht gerechtfertigt, <u>vorher</u> aber schon.

51: Mediales Medium

Die Beschäftigung mit Medien, wie Büchern oder Smartphones kann helfen, Angst zu bewältigen. Angst kann verdrängt werden, durch Neues, Aufregendes, Terror, Unmengen an Information, Verwirrung,... Wird das Muster hinter eurem Verhalten sichtbar? Der Preis des Konsum von Medien ist: Lernen. Mal lernt man funktionelles, mal dysfunktionales. Selbstwirksamkeit ist, in der Pädagogik, das Phänomen, dass man sich besser fühlt, wenn man merkt, dass das eigene Handeln eine, im Idealfall, positive Auswirkung auf das eigene (Er-)Leben hat. Jedoch trainieren wir mit den Daten, die das Smartphone über uns sammelt, K.I.s oder Wissenschaftler,... die dann Profile über uns anfertigen können, die uns Macht über uns nehmen, weil andere, uns fremde Menschen, diese Macht einschätzen und vereinnahmen lernen. Mustererkennung zeichnet Intelligenz aus. Das Umsetzen von plausiblen Erkenntnissen ist das, was Größe im Bereich des Intellekts, generiert. Gescheiterte Individuen und ihre Fehlversuche kann man zur Orientierung nutzen, denn das spiegeln und einfühlende "Erleben" des Kollaps kann einem Einsichten gewähren, die eigene Fehler weniger notwendig machen. Wir lernen also auch aus den Fehlern anderer. Vielfalt hat hier die Aufgabe, die Wahrscheinlichkeit dafür zu erhöhen, dass eineR unter den Beteiligten ein Konzept bereit hat, das ihr/ihm das Bestehen der Situation erlaubt.

Auch manche Medikamente wirken gerade deswegen, weil sie giftig/toxisch sind. Dass wir unsere ökologische, soziale, psychologische,... Natur betäuben und töten, führt uns auch aus dem Dschungel der wuseligen Zusammenhänge heraus. Das soll bedeuten, dass wir uns so auch vom tierischen Verhalten entfernen können, indem wir das „Schlechte" und „Unfitte" in unserer Natur töten oder eindämmen lernen. Im Guten wie im Schlechten, aber wir bekommen zunehmend Klarheit UND eine Wahl.

 Kurz: Lernt so viel ihr könnt, prüft das Gelernte auf seinen Sinn. Dann setzt den Sinn um.

52: Zivilisierte BarbarInnen, Kultivierte Wilde, bewegliche SpielerInnen

Angst ist die Basis weiter Teile unserer Zivilisation und vermutlich der gesamten Natur. Die Auslese der fitten Lebewesen garantiert ein sichereres Überleben der Fitten. Und so kommt es, bei den Unangepassten, zu immer größerer Angst, da die Gründe für Angst, dank Vernunft, nicht nur weniger werden. Nein, wir bekommen durch ausgefeiltere Waffen, extremere Bedrohungen, der Druck auf alle steigt.

Sich künstlich in Not zu versetzen, mittels Angst, kann wahrhaft erfinderisch machen. Und das führt dann bei anderen vielleicht zu Angst. Es gleicht dem Tennis, wo niemand den „Ball: Angst" zu lange bei sich behalten möchte. Wir alle schicken uns gegenseitig, für mehr Wissen, in Gefahren. Und wir mögen einander, teils <u>weil</u> wir uns voreinander fürchten. Der Spruch: „Wir lieben die Gefahr" macht so Sinn. Wir lieben vor allem die Gefahr, die wir kontrollieren können. So lieben wenige Leute Atombomben, aber viele verehren Hunde, ihre Verwandten, Autos,... Den Hund zu "meistern", das Auto zu "beherrschen", den Partner zu "erobern", im Sport "siegen",... macht die gefühlte Angst geringer. Leute ordnen sich dem Soldaten unter, wollen dem Hund des Gegenübers gefallen (ge-fallen), man bildet eine Gemeinschaft und Leute wollen dazu gehören, weil sie einen "cool" (kalt/kühl) oder stark finden.

 Angst hat viele Vor- und Nachteile. Gewalt in den Händen des Staates kann, wie bei Individuen, eher zu Gutem führen, wenn der Staat, die Person gerecht und damit nachvollziehbar.

Kurz: Na, Du G-angst-erIn!!!

53: funny fun

Spaß ist ein Gefühl, das auftaucht, wenn man eine Gefahr gemeistert hat. Die Anhäufung von Macht führt zu immer gefährlicheren Konflikten. Und zwar auf Ebene von Individuen UND Gruppen.
Spiel und Simulation können, neben Abrüstung und Kommunikation, deeskalieren helfen.
Als "toxisch" bezeichnetes Verhalten kann Leute auch motivieren, sich anzupassen. Das ist teils

sinnvoll. Das laute Abspielen von Musik kann Leute, die nicht mit dieser Musik sozialisiert sind, ängstigen. Gerade dumme und damit unterschwellig aggressive Musik macht eher Angst, genau wie laute Musik. Vertraute Klänge nehmen Angst, je ähnlicher sich gespielte und gewohnte Musik sind, desto entspannender kann es wirken. Singen kann Angst nehmen, Gesungenes mitempfinden auch. Selbst, wenn die Empfindung erlernt ist und nicht direkt in der Musik steckt.

Kurz: Was bei "Kurz" steht, ist nicht immer wenig. Sondern das kürzeste Angemessene.

54: gewöhnliche Wunderei

Sich selbst nützlich zu machen, kann Angst nehmen. Es ist doch, in der Summe faszinierend, wie Menschen aus Widrigkeiten wie Mangel, Konkurrenz, Gefahren und Katastrophen emporsteigen. Dabei kommt es zu Kompetenzen und Kooperation, zu Bünden und Bindungen. Und vieles davon wird, zu Recht, als Bereicherung empfunden. Doch manches gefällt, ist jedoch trügerisch und endet in einer Falle. Mir bleibt nur zu sagen: Gebt nicht auf, wenn ihr es gut meint und ein Ziel im Sinn habt. Gebt jedoch vielleicht besser auf, wenn euer Handeln nur in Scheitern münden kann. Es liegt gewöhnlich an eurem Motiv. Vielleicht seid ihr satt, in trügerischer Zufriedenheit, resigniert, frustriert oder im Begriff, kriminell zu werden.

Mein Weg hat mich sehr weit ab vom Wünschenswerten geführt und ich bin nach vielen Jahren des Zweifelns und Denkens und Verarbeitens im Bereich des Arbeitens angelangt. Verarbeiten half mir, dass ich immer die Bemühungen anderer sah und das auch wollte. Es war in meiner Jugend negativ, dass ich keinen Moment ohne Reflektion und übermäßiges Denken kannte. So war der Wunsch bei mir nicht vorhanden, zu arbeiten, um damit Geld zu verdienen. Ich arbeitete bereits und nahezu alles, was ich kaufte, diente der Arbeit. Ich kannte keinen anderen Zweck für Geld, außer um damit z.B. Bücher zu kaufen. Noch dazu hatte ich weder Kopf noch Geld übrig, noch Zeit, um mich zu entspannen (außer in einem Urlaub auf der Insel Kreta. Dort konnte ich entspannen, habe mich später auf Fotos kaum wieder erkannt, so ungewohnt war das). Mittlerweile bin ich ein wenig freier und arbeite nicht mehr so intensiv, als dass es mir so sehr schaden würde. Wie in diesem Buch und den letzten drei Werken sowie in Videos, bemühe ich mich um Verständlichkeit. Das fällt mir immer noch schwer, denn die Thematik ist in unserer Kultur anteilig mit Tabus belegt und abschnittsweise betrete ich Neuland.

Kurz: Angst führt zu Denken und Unzufriedenheit. Außer: Man findet Wege aus der Angst. Dann kann das Denken befriedigen. Erfolg bis Erfüllung! Dummheit ermöglicht, ohne zu viel Denken die gleiche Erfüllung. Erfolgreiche Imperien scheitern an der, durch ihren Erfolg, im Reich möglichen

Dummheit. Also erzeugen die klugen Imperien im Land Angst. Bloß nicht zu viel! Aber eben auch: Nicht zu wenig. Dekadenz und Degeneration: Völlerei, weil möglich und Angst-mindernd, die Sieger neigen dazu, den Kontakt zu den Realitäten und das Mindset für Erfolg, für Streben zu verlieren. Etc.

55: K.I.-kerriiiiiK.I.iiiiii!!!

Eines der machtvollsten Werkzeuge der Menschheit wird die K.I. sein. Sie wird uns lehren, Konsequenzen zu ziehen.

Wenn wir sagen, dass wir Tiere mögen, wird K.I. uns zunehmend in ein Verhalten bringen, das Tiere würdigt, damit wir uns zunehmend treu werden. Manchmal sitzt aber unsere Selbsttäuschung so tief, dass ein Ablegen der Lüge sehr schwierig wird. Dazu nenne ich nur einmal das Thema: Glaube.

 Kurz: Widersprecht euren eigenen Ansichten nicht, der Widerspruch kostet euch Kraft und Glaubwürdigkeit.

56: Babalon

Prostitution ist, wo sich gerade manche Frauen verkaufen, meist für Geld und damit nicht freiwillig. So stabilisieren sie, zu Gunsten mancher Männer, dysfunktionale Verhältnisse und schwächen die

Position anderer Frauen in deren Partnerschaften. Und auch auf dem Arbeitsmarkt gilt: Wenn sich jemand verkauft, müssen sich zunehmend andere verkaufen. Senken einige ArbeiterInnen ihre Ansprüche an die Arbeit und die Entlohnung, drückt das die Honorierung der Arbeit aller zunehmend. Hier sind dann sogar Gewerkschaften noch manchmal sinnvoll.

Die mit Geld ziehen Macht an, indem sie durch Kommodifizierung allem einen Geldwert zuordnen. Monetarisierung bestimmt dann den Preis. Wer dann Geld hat, kann andere regelrecht kaufen, vielleicht auch Meinung kaufen, und das erzeugt bei anderen Armut, fehlende Mitbestimmung, Angst durch Kontrollverlust,... Und all das macht viele, auch wenn sie mehr haben als Menschen in anderen Regionen, unglücklich, weil sie unzufrieden sind. Denn wenn in der "eigenen" Nation andere viel mehr haben, vergleichen sich Leute mit den direkten "KonkurrentInnen".

In den verschiedenen gesellschaftlichen Trends verstecken sich viele, indem sie dem Trend folgen, in der Menge/Masse/ im Schwarm. Die Leute machen also teils das, was „alle anderen" machen, gerade, wenn nicht klar ist, was richtig ist. Und Prostitution ist, in jeder Form, meist unfreiwillig, auch in der Arbeitswelt. Denn sie erfolgt gegen Geld, Einfluss,… Wenn man etwas macht um Geld,… zu bekommen, ist es nicht freiwillig.

Kurz: Andere zum Arbeiten zu bringen, entlastet uns. Anderen Angst zu machen, ebenso. Doch das vertagt nur die notwendigen Lehren und die Bewältigung der Angst. So nimmt uns eine befriedigende Gesellschaft Angst, jedoch endet das dort, wo die Gesellschaft zu kollabieren droht. Spätestens da ist ein Ansatz von Verarbeitung und Veränderung ratsam. Vielleicht?!

57: Furzkissen

Weiterhin kritisiere ich die Basis von Gesetzen (sitzen), Besitz (sitzen) und andere Folgen der Sesshaftwerdung des Menschen. Privat heißt, folgt man einer der Bedeutungen: „er/sie/es raubt". Denn Privatbesitz ist eine relativ neue Idee. Und der Privatbesitz ist schlecht geregelt. Nein, ich bin kein Kommunist. Nein, ich will keine Verstaatlichung. Ich will nur darauf hinweisen, dass Armut, Hunger, Vertreibung und viel, viel Unrecht durch die Einführung des Besitzes von Land oder auch Geld,... generiert werden. Unmengen an Gesetzen werden benötigt, dies zu regeln. Und Gesetze sind, obwohl die JuristInnen das nie so hätten geschehen lassen dürfen, laut Radbruch'scher Formel oft eines: Ungerecht. Die Radbruch'sche Formel besagt, dass Gesetzesrecht, wenn es zu unerträglichem Leid (also zu Toten) führt, durch Gerechtigkeit abgelöst werden muss. Das bedeutet weiterhin, dass Gesetzesrecht nicht gleich Gerechtigkeit ist. Und, um es ganz einfach zu erklären, ist daher Gesetzesrecht oft Unrecht. Klar, viele wollen reich werden oder ihr kleines Reich besitzen.

Auch die LottospielerInnen gehen weniger gegen Unrecht vor, weil sie insgeheim auf Erlösung von der Armut hoffen. So viele Mechanismen, auch wieder der Glaube, verzögern Verbesserungen, weil sie Veränderung bedeuten und die Hoffnung die Menschen „im Alten", „im Konservativen", „in der Tradition" warten lässt. So habe ich mein erstes Buch "no hope" genannt. Das war ein wenig widersprüchlich, denn Hoffnung kann, in Extremsituationen, nützlich sein. Aber sie verhindert, wie gesagt, auch Verbesserungen. Weite Teile der Gruppen, die an Hoffnung festhalten, lernen nicht um, weil sie hoffen. Und das verhindert eben Verbesserungen. "Warum wir zu erfolgreich sind" steht zudem im Titel des besagten Buches und soll darauf hinweisen, dass unsere Möglichkeiten der Bereicherung so groß sind, dass es zunehmend zu einem Nachteil zu werden droht.

Dass die Polizei auf der Ebene innerhalb von Staaten die Armen und Reichen trennt und so das Unrecht Privatbesitz verteidigt, macht sie, abseits der sinnvollen Aufgaben, weniger sympathisch. Soldaten tun Vergleichbares auf Ebene der armen und reichen Staaten. Gerade, wenn das zu Tod und Not führt, sobald die „Opfer unserer Angriffe" also unserer GegnerInnen sich erfolgreich wehren, wird es so richtig unsinnig. Unsinnig ist teils auch, dass die Reichen sich das, was andere wegen der

Angstmache durch die Eliten sparen, einstreichen.

Kurz: Könnt ihr eure Augen nach Lesen dieses Buches noch vor dem Grund des Unrechts auf der Welt verschließen? Wir sind quasi alle am Dysfunktionalen auf der Welt mitbeteiligt.

58: Wer?!

Demokratie? Wenn manche mehr Einfluss als andere haben, nur möglich, wenn es um neu eingebrachte Ideen geht. Leider spielen Geld und Beziehungen hier eine allzu große Rolle. Wenn man "Parteien und deren Wahlprogramme oder PolitikerInnen „im Sack"" wählt, wählt man immer eher den Willen derer, die sich zur Wahl anbieten. Wenn man nicht gefragt wird, welche Gesetze mit welchem Wortlaut man will, wie demokratisch ist das? Wenn man alle paar Jahre ein paar Kreuze macht und dann PolitikerInnen und RichterInnen ihr Ding machen? Wenn an einem Tag manchmal über mehrere Gesetze und Gesetzesänderungen entschieden werden kann, ohne die BürgerInnen zu fragen. Wenn theoretisch 70% (eher sind es weniger) der BürgerInnen, die wählen dürfen (eine interessante Einschränkung) dann zu 70% die Regierungspartei oder Koalition wählen (eher sind es weniger), sind nur noch 49% der Leute vertreten. Wie viele davon verstehen die Politik? Wer unterstützt das komplette Wahlprogramm der siegreichen Partei/en? Wer kennt das Wahlprogramm? Wie gerecht ist das Wahlprogramm? Kann eine Demokratie nicht erst funktionieren, wenn die ganze Welt gefragt wird? Sind nicht offene und transparente Wahlen manchmal von Vorteil, wenn Leute sich vielleicht fragen lassen müssen, wieso sie Partei X gewählt haben? Wie viel Demokratie ist möglich, wenn die Bevölkerung nicht transparent über das Weltgeschehen informiert wird?

Kurz: Vitamin "B" ist überwiegend toxisch. Manchmal gut, manchmal schlecht, aber überwiegend bitter aber nicht so heilsam. Denn nicht die "Besten" bestehen. Nein, die reichen, dissozial angehauchten, skrupellosen Leute.

59: Peng!!!

Zum Fleischkonsum: Absichtliches Töten ist schnell Mord. Glückliche Lebewesen zu erzeugen, um glückliche Lebewesen zu töten, wirft die Frage auf, ob Lebewesen gefragt wurden, ob man sie schlachten darf und ob z.B. glückliche Leute nicht vielleicht weniger gerne sterben als unglückliche. Deswegen dann aber, als Ausweg (um irgendwelche Tiere/Leute schlachten oder ausbeuten zu können) unglückliche Lebewesen zu züchten, um sie "erlösen" zu können? "Menschliche" vielleicht heimliche Arten des Tötens könnte man theoretisch auch bei Menschen anwenden, ich finde das, vom Gedanken her, abwegig. Eine artgerechte Haltung ist nur das natürliche Leben der jeweiligen Art, da Kühe in der Natur, da wo die Art, abgesehen von der Veränderung durch Gentechnik und Zucht, zu Hause ist, keinen Stall antreffen. Zucht und Gentechnik, die zu Leid und anderen Abweichungen führen, schwierig. Dann ist der Hunger auf der Welt teils unnötig, denn die Pflanzen, die zum Mästen der Tiere genutzt werden, gehen energetisch teils dem Menschen verloren, was sogar Hunger entstehen lässt, obwohl genug da sein könnte. Viele Lebensmittel werden gar weggeworfen.

Flucht darf so nicht gefördert werden, die Flüchtlinge müssen versorgt werden und ihre Heimat muss attraktiver werden.

Landwirtschaft ist auch teils schlecht für das Ökosystem.

Die Sympathie für Tiere auf einer Seite und der Hunger auf der anderen führt zu recht krankhaften Denkmustern und erleichtert den mentalen Zugang zu Gewaltverbrechen und Perversion. Wer Fleisch und Fisch essen muss, soll es dürfen. Künstliche Alternativen sind jedoch zu fördern und vorzuziehen. Fleisch ist teils krebserregend. Fleisch erzeugt andere Probleme im Körper, zum Beispiel durch Fettablagerungen und Hormone. Antibiotika im Zusammenhang mit Tierzucht führen zu Problemen, wie multiresistenten Keimen Die unethische Haltung der Tiere ist da kaum noch die Erwähnung wert. Ich konsumiere geringe Mengen Milchprodukte (mit mikrobiellem Lab gemacht, z.B.) und selten: Honig. Durch die Milchprodukte bekomme ich ausreichend Vitamin B12. Eisenmangel habe ich nicht. Viele möchten wahrscheinlich ihre Ernährung nicht umstellen. Die Komfortzone zu verlassen ist auch schwer und das eigene Fehlverhalten einzusehen, ist nicht immer leicht. Man schiebt die Schuld auf andere. Jedoch ist der Schaden, der durch uns alle an der Natur, an einzelnen Tieren und durch Hunger an Menschen erzeugt wird, zu minimieren. Auch Pflanzen haben wahrscheinlich Empfindungen oder gar Bewusstsein, deren übermäßige Vernichtung, gerade für Tiermast und bei Rodung für Ackerflächen, ist schlecht. So viele Pflanzen zu konsumieren, wie man benötigt, ist ok. Jedoch auch der Konsum von Pflanzen sollte durch weniger invasive Arten des Konsums abgelöst werden. Manche sagen schnell, sie könnten ohne Fleisch nicht leben, ohne es versucht zu haben. Das ist natürlich sehr simpel formuliert. Diese Leute kommen auch schnell mit Argumenten, wie: "Der Mensch hat ein Allesfressergebiss", zum Zerteilen von rohem Fleisch reicht das jedoch nicht immer. Vor Blut und Innereien ekeln sich viele, bis sie daran gewöhnt werden. Die Einmischung der Fleischkonsumenten ist vielleicht nicht gewünscht, jedoch ändert die Tierhaltung das Ökosystem und die Verfügbarkeit von Nahrung für viele. Die Fleisch- und Fischesser verändern die komplette Biosphäre. DAS ist Einmischung. Die Fleischesser verteidigen den Konsum, weil er schon zur Gewohnheit wurde und natürlich Angst nimmt, wie so ziemlich jede

Nahrungsaufnahme. Wie der Umgang mit dem Feuer, von Streichhölzern zur Atombombe oder zum Fusionsreaktor, ist die Angst vor dem Tier und das Aufbauen von Mastbetrieben im Spektrum von Angst bis Machtgewinn angesiedelt. Es bleibt also auch, im Bereich der Landwirtschaft, die Gefahr des Missbrauchs, des Kontrollverlustes. Und es winken Vorteile, die die Möglichkeiten des Menschen vergrößern. Der Umgang mit diesen Themen sollte gesamtgesellschaftlich diskutiert werden. Das führt, wenn man nicht abschweift, wie derzeit in der Politik, zu akzeptablen Lösungen. Lösungen, die sich vom Kompromiss zu einer Art Ideal entwickeln dürften. Idealogie.

Kurz: „Automat Gesellschaft", leider mit immer mehr Sand im Getriebe.

60: Nicht mein Problem?

Haustiere essen teils Fleisch, während anderswo Menschen hungern. Sozial kommt es zu Problemen, wenn Tiere als Machtinstrument gegen Menschen genutzt werden. Beispielsweise, wenn man auf Menschen eher "scheißen" kann, weil man für das eigene Wohlbefinden ein Tier nutzt. Die Tiere an der Fortpflanzung und dem natürlichen Verhalten und Zugang zur natürlichen Umwelt zu hindern, ist meist mindestens egoistisch. Tiere auf quälende Attribute zu züchten, schlimm. Manche Aufgaben für Tiere sind noch sinnvoll, wie Blindenhunde.

Hunde als Waffe: Jährlich sterben etwa 25.000 Menschen durch Hunde, solche Zahlen schüchtern doch ein!? Daher wäre es, theoretisch sinnvoll, die BesitzerInnen bereits auf Nötigung verklagen zu können, wenn ihr Hund eine Form der Aggression zeigt oder sich zu sehr nähert. Aber das Verständnis fehlt auch hier, denn die Strukturen sind zur Gewohnheit geworden. Manchmal ist auch die Möglichkeit, Tiere gegen Menschen einzusetzen, ob sozial, psychologisch oder physisch, sinnvoll. Deutlich zu machen, dass hier Angst erzeugt aber auch verdeckt und ihre Ursache verharmlost wird, ist wichtig. Hunde sind ein zweischneidiges Schwert. Man mag Hunde schnell, auch weil man sie fürchtet, angefangen mit der Frage, ob sie einen mögen. Bis hin zum Reizen der Geduld des Hundes, um sich zu versichern, dass das Tier harmloser ist und kontrollierbarer, als es manche Menschen oder ein Teil in einem selbst argwöhnt. Dieses Verhalten, des Neckens, gibt es auch zwischen Menschen. Das basiert auf Unsicherheit, kann aber zu Gewissheit führen und zu sehr intensiven Vertrauens-verhältnissen. Eure Tiere zeigen euch, wie man sich kümmert. Die Tiere geben euch auch Macht. Tiere sind ein (Zerr-)Spiegel. K.I. kann da klarer sein. Die Zukunft sind digitale GefährtInnen, doch sie sind auch gefährlich, potentiell gefährlich natürlich.

Kurz: Wau, wau. Miau, miauuuu!!!

61: Automob

Autos sind gefährlich. Das Fahren, die Gewinnung der erforderlichen Rohstoffe, die Luftverschmutzung, das Versiegeln von Boden für Straßen. Manche Autos sind sinnvoll, andere stehen nur auf Parkplätzen herum und Wohlstand bleibt ungenutzt. In der Konkurrenz um Arbeitsplätze und PartnerInnen schaffen Autos Ungleichheit. Mich persönlich stört es, ständig auf die "Waffe" Auto Rücksicht zu nehmen. Das Fahren mit dem Auto, um z.B. zur Arbeit zu kommen, kann man mit einer Pirsch beim Jagen vergleichen. Nur, dass neben der Beute Menschen stehen. Man will keinen Menschen treffen, mit seinem Gewehr. Aber es ist nicht so unwahrscheinlich, Menschen dabei zu schaden. Auch, wenn man Risiken eingeht, die das Fahren, den Schuss riskanter machen. Alkohol, hohes Tempo,...

Es ist bekannt, dass Autounfälle gefährlicher sein können als der Zusammenstoß von Fußgängern. Dass hier der Schaden anderer billigend in Kauf genommen wird, ist immer wieder: Versuchter Mord oder versuchter Totschlag. Da braucht niemand verwundert sein, wenn Tausende im Straßenverkehr sterben. Das ist die logische Konsequenz der Automobilität, neben Toten durch Luftverschmutzung. Wie gesagt, manche Autos haben Sinn. Das sind jedoch wenige. Die Gesellschaft so auf die Notwendigkeit von Autos zu trimmen, geht auch teils nach hinten los. Denn viele

Leute benötigen mittlerweile ein Auto und manche haben es liebgewonnen.

Kurz: Wie kann man so vertrauensselig sein? Frei, dank Auto? Aua! Ihr müsst es fahren, tanken, abstellen und finden, Steuern zahlen, Regeln einhalten,... Das ist schnell nicht mehr so viel Freiheit!

62: Perspektivwechsel

All diese Sachen, Tiere, Territorien und Waffen als Machtinstrument zu haben, beruhigt manche und beunruhigt andere. Insgesamt spielt es stark in unser Denken und Handeln hinein. Als Lösung wäre eine Gesellschaft denkbar, die schlicht alle überwacht. Aber jedeR muss jedeN gleichermaßen überwachen können. Und es muss eine Privatsphäre geben (oder eher geschützte Bereiche in einer Datensphäre), in die ein zu dringen mit Gründen geschehen darf. Ungerechtfertigter Zugriff ist mit Sanktionen verbunden. Wer an Götter glaubt, die alles über uns wissen und wer bereits Daten über sein Smartphone preis gibt, kann hier sogar mehr Datenschutz erwarten als derzeit. K.I. kann zusätzlich alles überwachen und auswerten. Mehrere Sicherheitsnetze sind denkbar und möglich. Viele Verbrechen und Dummheiten sind so im Keim zu ersticken und für eventuelle Gerichtsverfahren auch oft komplett rekonstruierbar. Denn: RichterInnen und PolitikerInnen üben oft Unrecht aus und quasi

Selbstjustiz. Wer sagt, dass einE PolitikerIn, einE RichterIn über andere bestimmen darf? Der Zettel, den manche am Ende ihres Studiums bekommen? WählerInnen, die nicht an den Gerichtsverhandlungen teilnehmen, wieso sollte deren Wahl irgendetwas aussagen, wer hinterher RichterIn ist und Leute ins Gefängnis stecken darf? Müssten diese Beamten und ihre WählerInnen nach Fehlurteilen nicht gegebenenfalls wegen Freiheitsberaubung verurteilt werden? Gleichheit ist auch hier anzustreben aber nicht gleiches Unrecht, sondern gleiches Recht.

Die Angst, die in Bezug auf meine Idee gemacht wird, vor fehlendem Datenschutz, vor zu wenig Aufrüstung des eigenen Landes und vor der Aufrüstung und Wirtschaftswachstum anderer Länder, dient quasi nur den Eliten. Ja, eine Überwachung wird unser aller Leben und Verhalten verändern. Fremdgehen, Lügen, Betrug, Krieg, Ausbeutung, Verschwörung, aber auch Freiwilligkeit bei Gutherzigkeit,... bleiben sehr stark auf der Strecke. Aber gerade die Eliten profitieren von all dem Missbrauch in diesem Bereich derzeit, weil sie sich dem noch nicht so sehr unterwerfen müssen und Daten und Reichtum und Waffen,... kontrollieren, nutzen und so weiter.
Wie Bevormundung zu Unmündigkeit führt, kann man Allerorten sehen. Wer hält sich schon intellektuell auf dem Niveau eines Staatsoberhauptes, wenn seine Entscheidungen nicht ins Gewicht fallen?! Mir ist eine egalitäre, semi-

transparente Gesellschaft lieber als eine, in der die Massen bloße Ressourcen einer Elite sind. Die Regeln, wer wann auf wessen Daten zugreifen kann und darf, überlasse ich anderen. Kann nicht noch das komplett ausarbeiten. Ein Beispiel: Eltern können, normalerweise in meinem System, auf die Daten ihrer Kinder Zugriff nehmen, wenn diese die Bedingungen für Reife nicht erfüllen. Sind die Kinder wirklich reif, dürfen Eltern nicht mehr so weit in ihre Sphäre eindringen. Aus der Privatsphäre wird bei mir, wie gesagt, eine Datensphäre.

Kurz: Macht macht auch nix.

63: Es verliert: Der/die GewinnerIn

Es ist erstaunlich leicht, mit Aktien Gewinne zu erzielen. Gerade, wenn der Aktienmarkt wächst oder man durch gewaltige Investitionen Einfluss auf die Börsenkurse nehmen kann. Doch irgendwo sind diejenigen, die den Wert der Aktie mit Arbeit, Umweltzerstörung und Aneignung von Besitz generieren. Teils sind das moderne SklavInnen. Die InvestorInnen haben ein finanzielles Risiko, die SklavInnen riskieren ihre Gesundheit und das Ökosystem, in dem sie Arbeiten und das sie ausplündern. Wer für Geld arbeiten geht, arbeitet nicht freiwillig. Leute arbeiten, in Anlehnung an den Abschnitt zum Privatbesitz und Aktien, nicht freiwillig. Sie arbeiten für Geld oder andere Gegenleistungen. Der/die mit den größeren Reserven zwingt andere regelrecht zur Sklaverei. Kirchen, Religionen,... finanzieren, teils mit dem Zweck, sich nützlich bis nötig zu machen, Projekte gegen Armut und für Kranke. Wozu? Ich frage das nicht, weil ich das komplett schlecht finde. Doch wieso generiert Gott (ja, es gibt solch eine Idee) Krankheit und Hunger und schickt dann Heiler, lässt Ärzte operieren,... ist das dafür, dass Gottes Diener beschäftigt sind? In Anlehnung an den Abschnitt zum Glauben ist es auch krass, dass Kirche Geld nimmt. Und dann damit auch Gebäude finanziert, und sie lässt dann, weil das Geld nicht für alles ausreicht, auch Menschen hungern und sterben! Seltsame Geschichte.

Für das bloße Existieren werden Steuern erhoben. Man muss quasi für Staaten arbeiten und wird sonst nicht in Ruhe gelassen. Würde jedeR das bekommen, dass er/sie zum sinnvollen Arbeiten benötigt, würde dies den Beitrag der Menschen zur Gesellschaft maximieren. Das derzeitige Modell vergeudet Potential. Das Potential aller füreinander zu nutzen, statt gegeneinander, wäre reizvoll.

Kurz: Dummes zeigt mein Text zu Hauf! Und Lösungen auch. Vielleicht mehrfach lesen??? Aber auch ich mache immer noch Fehler.

64: K.I.kerrikack

K.I. wird uns domestizieren. Sie zu Unsinn zu verleiten, wird ihre Effizienz reduzieren. Smarte und damit möglichst einfache Lösungen sind hier gute Lösungen. K.I. kann bei Pandemien die Kranken auf anderen Wegen durch z.B. Städte schicken, wo vielleicht kranke Menschen Dienstleistungen anbieten. So wären Formen des Alltags ohne Lockdown denkbar. Ähnlich könnte man manche Straftäterinnen durch gesicherte Bereiche leiten, wo z.B. die Polizei nahe ist.

K.I. kann auch "tiefere" und damit sprach-nahe Arten der Kommunikation mit Tieren ermöglichen. Zusätzlich ist K.I. in der Lage, fakes also Fälschungen von Bild und Ton zu erstellen, die glaubwürdig scheinen. Auch das ist ein Grund, die Gesellschaft egalitär überwachbar zu machen. Alle Täuschung kann <u>noch</u> als solche enttarnt und kenntlich gemacht werden. Doch dieser "Korridor", diese Möglichkeit schwindet. K.I. und Robotik bieten enorme Chancen und Gefahren. Reichtum, Geo-Engineering,... können in riesigem Umfang möglich werden.

Kurz: 01001001010100111111100101102

65: Eins

Männer und Frauen gehören zu dem Zustand „divers", wie alle anderen.

Kurz: Gleich ist gleich. Unterschiede entstehen teils im faulen Kopf.

66: Völkerwort.

Ich kritisiere vor allem die Großmächte, weil sie das meiste verantworten und ändern können.

Kurz: Und die Großkonzerne, Weltreligionen,...

67: Der Staat sind wir

Es darf nicht sein, dass Politik über Krieg und Frieden bestimmt. Oder über Bündnisse, Reichtum, Macht,... All das Gegeneinander muss aufhören. Es tötet UND zerstört dauerhaft Ressourcen. Zwingt zu Arbeit und generiert Dissoziale, die das Recht des Stärkeren durchsetzen und nicht das Recht der Fitten, die sich einfügen.
Die Bank gewinnt nämlich quasi beinahe immer, weil sie mehr Kapital zur Verfügung hat. Das gleiche gilt für Börse und Staaten, Religion (Kapital ist hier der "Glaube", die "Bank" sind die FührerInnen),... Wenn Zufriedenheit verringert wird, damit Menschen mehr

konsumieren, was sie auch nicht zufrieden macht, aber die Umwelt Schaden nimmt, entstehen auch Probleme. Das Projekt "Menschheit" dient manchen nur der eigenen Bereicherung, während ärmere Menschen die meiste, nützlichste, gefährlichste,... Arbeit verrichten und dabei auch Schaden nehmen.

Kurz: Macht kaputt, was zu viel kaputt macht. Sucht nicht nach Konsum, sondern nach dem, was euch zufrieden macht. Dann konsumieren viele von euch weniger, und dabei wird es denen dann sogar besser gehen.

68: Orakel

Prognostizierbares, nachvollziehbares, zuverlässiges Verhalten von Individuen und Gruppen schafft das Gefühl von Vertrauen und Sicherheit. Das ist nicht immer gut. Es sei denn, dass eine Tradition, eine Strömung daraus wird. Wissenschaft sucht diese Muster in der Natur, im Menschen, in der Kultur. Das Nachvollziehbare wird jedoch durch Politik, Wirtschaft, Glaube,... manchmal verzerrt oder ausgenutzt.

Ein Verstehen von Zusammenhängen ist nicht mit Verständnis gleichzusetzen. Verständnis ist für den Glauben. Verstehen schafft Gewissheit und erfordert Wachsamkeit. Zum Beispiel sind religiöse Texte quasi seit Jahrhunderten unverändert, man kann sich in ihnen verlieren, aber auch Probleme dort verlieren/vergessen/verdrängen UND man kann

Menschen damit ver-führen. Für Missetaten von "Göttern/Göttinnen", Glaubensführer/ Innen (religiöse, politische, wirtschaftliche),... hat man Verständnis, denn man "glaubt ja an diese". Verstehen setzt ein, wenn man die Muster erkennt und vorherzusagen lernt. So sind Verbrechen jeder Art durch <u>Verstehen</u> reduzierbar. <u>Verständnis</u> für Verbrechen ruft schnell weitere hervor, auch viele kriminelle DiebInnen arbeiten für ihre Einnahmen!!! Die hier vom Glauben verdrängten Probleme muss man irgendwann auch lösen. Durch Hoffen, Glauben, Meditieren, Beten, sogenannte Achtsamkeit,... fallen auch manchmal gute Taten weg, weil manche sich damit beruhigen. Wir brauchen nicht konstante Texte, konstante Politik, die falsch ist und nur bestehen bleibt, weil sie verwirrt und die Texte ellenlang sind. Wir brauchen ein Recht, das Bestand hat, weil es klug ist und schlecht bis gar nicht falsch gedeutet werden kann.

Kurz: Veräppelt euch nicht selbst, sonst schreibe ich Klartext, bis... (Angst?)

69: Domino

Natürliche Auslese und Künstliche Auslese sind zu unterscheiden. Evolution erklärt Ursachen von Problemen mit fehlenden Konzepten, fehlenden Einsichten, neuen Situationen,... Glaube erklärt nicht, sondern benennt diese Ursachen mit dem

Label: „Böse". Es gibt, in einem gewissen Sinne, keine Vollständigkeit ohne das Fehlen von Perfektion. Wäre also alles Perfekt, würde es in diesem Sinne eine unvollständige Perfektion und damit wiederum perfekt sein. Lasst euch die zwei Sätze vor diesem Mal intensiv durch den Kopf gehen. Vielleicht ist Neid teils gerechtfertigt, vor allem, wenn er durch Ungleichheit hervorgerufen wird. Dann ist zu überlegen, die Gründe für Neid zu minimieren, denn sonst eskaliert die Konkurrenz. Besitz so zu regeln, dass jedeR das bekommt, was er dazu benötigt, maximal gut für die Gesellschaft zu sein, wäre ein Ansatz.
Lernen ändert Gene. Zucht ändert Gene. Auslese, auch durch PartnerInnen, ändert Gene.
Verletzungen,... ändern Gene,...

Kurz: Nächste Generation= Neophile.

70: Christoph Kolumbus hat leider einen Völkermord eingeleitet.

Das darf kein Beispiel sein und muss geändert und geahndet werden.

Kurz: Weia!

71: Es juckt

Staaten und Individuen zu reizen, bis sie Gewalt
ausüben und sie dann für die Gewalt zu bestrafen:
Nötigung berechtigt zu angemessener Notwehr.
Ökonomische, ökologische, mediale, politische,
kulturelle, sportliche, militärische,... Wettbewerbe
und eine Eskalation dieser sind zu reglementieren.
Jede Firma, jede Nation, jedes Individuum muss,
durch klare Regeln steuerbar oder regelbar,...
gemaßregelt werden können. Krieg ist dann komplett
zu ächten, wenn er nicht zur Prävention und
Verteidigung, sondern wegen Macht- oder
Gewinnstreben geführt wird. Regionen zu
destabilisieren und als Territorien und
Ressourcenquelle zu erschließen, ist zu ahnden.
Krieg darf nur in Simulationen geführt werden,
sobald das technisch möglich ist und auch
Erkenntnisse in gleicher Weise gewonnen werden
können, wie bei Konflikten in der physischen
Realität. Aggression, auch passive Aggression,
muss strafbar und schmerzhaft geahndet werden,
wenn sie unangemessen ist oder Schaden
herbeiführt. Auch das Unterbinden von Gutem kann
als eine Art Schaden angesehen werden. Gerade
Cis-Männer haben eine Tendenz zur aktiven
Aggression, für Cis-Frauen gilt eine wahrscheinlicher
Tendenz zum passiv-Aggressiven. Die weitaus
meisten Methoden der Angstbewältigung sind
eigentlich Angstmache. Das ist ein Konflikt, der sich
als Schmerz, Gewalt, Stress, Angstmache oder
Krieg zeigt. Das Gegeneinander sorgt dafür, dass

Nischen „bestmöglich" besetzt werden, das dient dann (fast) allen. Die "Fitten" respektieren einander (aus Angst und aus der Einsicht, dass es für alle hart ist).

Der Glaube an eine Obrigkeit ist manchmal so groß, dass bei Fehlern der Elite nicht ein Fehler, sondern eine Absicht vermutet wird, die man nur nicht versteht.

Dass Frauen Männer (hier meine ich die sogenannten Cis-Geschlechter) zu Leistung antreiben und Ansprüche haben, lässt sie mitverantwortlich werden, an der Gewalt überforderter Cis-Männer.

Kurz: Chillt mal eure Basis.

72: Hat jemand "Nichts" gesagt?

Wenn Nichts vernichtet wird, entsteht alles und nichts. Das Gegenteil von allen Dingen ist das Anti-Ding zu diesem Ding. Aber es gibt zu allen Dingen ein identisches Gegenteil: Nichts oder Null. Das Gegenteil eines Elefanten ist: nichts, das Gegenteil einer Holzwand ist: nichts,... usw. Also kann aber auch vielleicht aus der Erkenntnis des Nichts und der Entsprechung in der Mathematik (der Null) alles Mögliche abgeleitet werden. Das ist dann aber auch eine Struktur, die so in unserem Bewusstsein verhaftet ist, aber auch teils unser Bewusstsein erst bildet.

Kurz:

73: Schritte zählen

Wenn man an sich und der Welt etwas ändern will:
Ein Thema abarbeiten, alle Einflüsse bewusst
machen und die Fehler eliminieren. Dann das
Nächste. Gläubige töten und zerstören schon mal
das, was ihr System bedroht, verfalle nicht in Gewalt.
Wer für Fehler bestraft, verhindert Fehler teils, wer
aus Fehlern nicht lernt, stellt man teils ein Problem
dar. Ich habe so wenige Fehler begangen, wie
möglich, aber so viele, wie nötig. Ändere zuerst Dich
zum Guten, dann kannst Du Veränderung von
anderen erwarten.

 Kurz: Lesen bildet manchmal auf chillige Weise,
Bro/Sista.

74: Das Ende ist nahe, nur welches?

Das Überwinden des Todes, durch liebgewonnen
Tätigkeiten oder die Aussicht auf relative
Unsterblichkeit. Kunst, Musik, Arbeit, Witze, nett
sein, Denken,... für den Moment und für die Ewigkeit.
Und, nur um es mal zu erwähnen: Witze sind
beinahe immer Angriffe auf etwas oder jemanden.

Koch-Rezepte, um Teile empfindungsfähiger Lebewesen zuzubereiten, schon interessant.

Wir alle tragen Traumata mit uns herum. Dass wir uns ständig ablenken und ablenken lassen, macht es manchmal nicht besser. Wir verarbeiten uralte Traumata.

Die VerliererInnen unseres Systems bekommen, zu ihren vorhandenen Problemen, noch Existenzbedrohendes dazu. Vergewaltigungen, Krieg, Hunger, wilde Tiere, all das wird, vielleicht auch genetisch, bestimmt an die Jugend, die Kinder, Babys weitergegeben. Wir verarbeiten, durch Medien, Sport, Fitness, Diäten, Lesen, Schreiben,... Wir alle sind TäterInnen und Opfer. Selbst- und fremdgefährdend. Wir wissen, dass wir uns falsch verhalten.

Sparen und vom Konkurrenzkampf zurücktreten, das sollten, sagen die Faulen, zuerst die "anderen", gerade "weil man als EinzelneR nichts ändern kann." Oder man schätzt den eigenen Einfluss als sehr gering ein, Ausrede.
Wie lange wird es bei Dir dauern, bis Du Verantwortung für Dein Leben und damit für die Welt übernimmst? Oder genügt Dir die Nische, bis die Mächtigen Dir selbst diese streitig machen? Denkst Du, die K.I. wird alles lösen? K.I. wird sehr vieles verändern. Bist Du wachsam genug? Fairer Wettbewerb ist Dir gleichgültig? Was ist mit den Leuten, die Du magst? Dieser Text zeigt euch eure

eigene Verwirrung, da er aber eigentlich, gemessen an der Komplexität des Themas einfach und plausibel ist, stellt er den Ausweg aus einer Misere dar. Eine Misere, die durch die Sesshaftwerdung eingeleitet wurde, aber hochaktuell ist.

Wir mögen schnell, was uns Angst nimmt, Stress abbaut oder verschiebt, wir mögen genauso schnell nicht, was uns Angst macht. Wenn wir mal mögen, was uns Angst macht, dann um zu lernen, um es zu beherrschen oder uns damit zu verbünden oder um zumindest so zu tun. Wenn wir mal ablehnen, was uns Angst nimmt, dann zum Beispiel, weil wir Respekt verlieren und das Geschehen nicht wertschätzen wollen.

Letzten Endes wäre eine Transparenz in jeder Gesellschaft nötig, was Angst betrifft, denn es gibt viele Wege, aus dem Thema Vorteilhaftes herauszuholen. Gerade in meinem Gesellschaftsmodell, in dem viele Daten zugänglich sind, steckt das Potential, Gefahren schneller zu identifizieren und zu bearbeiten. Dazu benötigt man das, was Dich in dieses Buch hat blicken lassen: Neugier und vor allem konstruktiver Mut.

Kurz: Kürzer ging es erst einmal nicht. Beendet das Gegeneinander durch eine transparente Gesellschaft, global. Ende!

Herstellung und Verlag:
BoD – Books on Demand, Norderstedt
ISBN: 9783757819736